CATALOGUE

DES

LIVRES PRÉCIEUX

EN PARTIE ANNOTÉS PAR DES HOMMES CÉLÈBRES

DES MANUSCRITS

DES LETTRES AUTOGRAPHES ET DES ESTAMPES

COMPOSANT

LE CABINET D'UN AMATEUR

La vente aura lieu les Jeudi 2, *Vendredi* 3 *et Samedi* 4 *Mars* 1882 *à* 2 *heures précises*

Hôtel des commissaires-priseurs, rue Drouot

Salle n° 4

Par le ministère de Me **TUAL**, commissaire-priseur
rue de la Victoire, 39.

PARIS

ADOLPHE LABITTE
Libraire de la Bibliothèque nationale
4, RUE DE LILLE, 4

CLÉMENT
Marchand d'estampes de la Bibliothèque nationale
3, RUE DES SAINTS-PÈRES, 3

1882

PARIS

TYPOGRAPHIE GEORGES CHAMEROT

19, rue des Saints-Pères, 19

CATALOGUE

DES

LIVRES PRÉCIEUX

EN PARTIE ANNOTÉS PAR DES HOMMES CÉLÈBRES

DES MANUSCRITS

DES LETTRES AUTOGRAPHES ET DES ESTAMPES

COMPOSANT

LE CABINET D'UN AMATEUR

La vente aura lieu les Jeudi 2, *Vendredi* 3 *et Samedi* 4 *Mars* 1882 *à* 2 *heures précises*

Hôtel des commissaires-priseurs, rue Drouot

Salle n° 4

Par le ministère de Me **TUAL**, commissaire-priseur
rue de la Victoire, 39.

PARIS

ADOLPHE LABITTE
Libraire de la Bibliothèque nationale
4, RUE DE LILLE, 4

CLÉMENT
Marchand d'estampes de la Bibliothèque nationale
3, RUE DES SAINTS-PÈRES, 3

1882

ORDRE DES VACATIONS

Première Vacation. — *Le Jeudi 2 Mars.*

	Numéros.
Belles-Lettres..	169 à 294
Estampes et Dessins.	378 à 429

Deuxième Vacation. — *Le Vendredi* 3.

Histoire..	295 à 377
Théologie, Jurisprudence, Sciences.	72 à 136

Troisième Vacation. — *Le Samedi* 4.

Beaux-Arts..	137 à 168
Livres annotés.	7 à 71
Autographes.	1 à 6

CONDITIONS DE LA VENTE

La vente se fait au comptant.

Les acquéreurs payeront cinq pour cent en sus des enchères, applicables aux frais.

Il y aura exposition, chaque jour de vente, de 1 à 2 heures.

Les ouvrages devront être collationnés dans les vingt-quatre heures de l'adjudication. Passé ce délai ou une fois sortis de la salle de vente, ils ne seront repris pour aucune cause.

Les autographes sont garantis authentiques. La vérification doit en être faite dans les huit jours de l'adjudication.

M. Adolphe LABITTE, chargé de la vente, remplira les commissions des personnes qui ne pourraient y assister.

Nous appelons l'attention des amateurs sur cette collection peu volumineuse, mais bien choisie. Ils reconnaîtront facilement le bibliophile distingué qui l'avait formée et dont le nom a été prononcé autrefois au sujet d'une bibliothèque plus considérable encore. Il avait réservé quelques livres plus affectionnés que les autres, et c'est cette réunion que nous mettons en vente aujourd'hui.

Le catalogue donne en première ligne les LETTRES AUTOGRAPHES : le *recueil* inscrit sous le n° 1 et qui sera vendu le dernier jour en un seul bloc ; les Lettres autographes de *Ducis*, celles de *Madame de Genlis* à Bernardin de Saint-Pierre, celles de *Voltaire* à Vauvenargues, et celles du *comte de Tressan*, au nombre de vingt-six, reliées en un volume.

Les MANUSCRITS paraissent ensuite, parmi lesquels il faut citer : les Mémoires de *Mademoiselle d'Aumale;* le Carnet de voyage de *Bernardin de Saint-Pierre*, des Manuscrits de *Bossuet, Camille Desmoulins, Dumouriez, Madame de Maintenon, Marat, Parmentier, Saint-Lambert* et *Voltaire*.

LES LIVRES ANNOTÉS forment la section suivante, et, parmi les célèbres annotateurs, nous pouvons nommer : *Le Tasse, Rabelais, Érasme, Malherbe, Du Puy, Mézeray, Balzac, Barthélemy, Pithou, Chénier, Lavoisier,*

Mallet Du Pan, Passerat, Piron, Racine, Roucher, Delambre, Voltaire.

La seconde partie du catalogue renferme une série de livres de luxe dont nous pouvons donner une courte énumération. N°76. Bible, 13 vol. grand papier. Eaux-fortes et avant la lettre. — 91. Discours et Méditations chrestiennes de Philippe de Mornay. Exemplaire sur vélin, à ses armes, avec des notes de sa main. Exemplaire unique. — 97. Coutumes de Berry, 1540. Exemplaire sur vélin. — 129. La Vénerie de Salnove, 1665. In-4, maroq. — 140. Galerie de Lebrun. 3 vol. avant la lettre. — 142. Galerie de Florence. 4 vol. in-fol. — 150. Caricatures anglaises. In-fol. — 164. Le Pautre. 101 planches d'ornements. — 167. Le Moyen Age et la Renaissance. 5 vol. in-4. — 192. Le Roman de la Rose. 4 vol. in-8, sur vélin. — 216. Fables de la Fontaine, avec figures d'Oudry. 4 vol. in-fol. gr. pap. mar. (*anc. rel.*). — 226. Corneille. 12 vol. in-8, figures de Moreau avant la lettre. — 240. Rabelais. 3 vol. in-4, non rogné. — Paul et Virginie, 1789. In-18, sur vélin, figures gouachées. — 255. Zélomir. Grand papier, figures de Lefebvre avant la lettre. — 264. Décaméron de Boccace. 5 vol. in-8. — 268. Werther. Figures de Moreau, eaux-fortes et avant la lettre. — 298. Voyage de Saint-Non. 5 vol. in-fol. mar. (*anc. rel.*). — 314. Les Passaiges d'outre-mer, 1518. In-fol. goth. — 338. Bulletin du Tribunal révolutionnaire. 3 vol. in-4. — 375. Bibliothèque historique de la France. 5 vol. in-fol., etc.

La lecture du catalogue complétera toutes les indications que nous ne pouvons donner ici.

CATALOGUE

DES

LIVRES PRÉCIEUX

DES MANUSCRITS

ET DES LETTRES AUTOGRAPHES

COMPOSANT

LE CABINET D'UN AMATEUR

PREMIÈRE PARTIE

LETTRES AUTOGRAPHES

1. Réunion de 67 lettres autographes signées, anc. et mod., en 1 album in-4, mar. r. (*Quelques-unes portent le chiffre du collectionneur.*)

N. B. — Cette Collection ne sera pas divisée.

1. Amyot (Jacques). La signature au bas d'un reçu écrit sur parchemin.

2. François Ier. Lettre autogr. sign. datée d'Amboise le 23e jour de mars 1517. In-fol. à toutes marges. (*Très-belle pièce.*)

3. Montmorency (Anne de), connétable de France. Signature au bas d'un reçu écrit sur parchemin.

4. Marie de Médicis. Signature au bas d'une lettre à *M. Du Plessis*, datée de Tours, 1616. 1 page in-fol. Elle est contresignée par *Nicolas Potier*, secrétaire d'État.

5. Marie de Médicis. Lettre autographe signée à *Charles, cardinal de Lorraine*, et écrite probablement en 1607, après la mort de Marguerite de Gonzague, épouse d'Henri duc de Lorraine. Cette lettre, où le cardinal de Lorraine est traité de cousin, a été biffée par Henri IV qui a écrit deux fois *nepveu* pour *cousin*. Cette pièce est fort belle et bien conservée.

6. Anne de Montmorency, connétable de France. Sa signature et six lignes de sa main, au bas d'une lettre adressée à *Mon cousin, monsieur*

l'evesque d'Auxerre ambassadeur du Roy à Rome. In-folio, datée du 10 janv. 1533.

7. Turenne. Lettre aut. sign. avec envoi et cachets adressée à *Son Éminence*. Elle est datée d'Amiens, 1660.

8. Turenne. Billet aut. sign. in-12, avec cachets intacts et suscription autogr.

9. Marie Stuart. Lettre aut. sign. 1 page in-fol. avec suscription autogr. Très-belle lettre datée *de Schefield du 9 de juillet* 1574. Elle est adressée : *A monsieur Larchevesque de Glascow, mon ambassadeur auprès du roy très chrestien monsieur mon beau-frère*. La reine parle de *Tourtelles, de poulles de Barbarie et de perdrix rouges. Ce sont des passe-temps de prisonnière*, ajoute-t-elle...

10. Christine (reine de Suède). Signatures et 6 lignes autographes au bas d'une lettre écrite, par l'abbé Santini, à monsieur de Pomponne pour lui recommander madame de Beauregard. *Elle est datée de Rome 22 février* 1673. 1 page in-fol.

11. La Rochefoucauld (Le duc de), auteur des Maximes, lettre autogr. signée *Marcillac*, datée de Montignac, 26 oct. 1648. 2 pages in-4. Très-belle lettre avec cachet et suscription.

12. Henri duc de Bourbon. Lettre de condoléances *A madame la duchesse de Saint-Siméon*. 2 pages in-4, avec cachets et suscription autogr.

13. Turenne. Billet aut. signé, 2 pages in-8, avec cachets et suscription autogr. *A monsieur le cardinal de Bouillon.*

14. Gramont (Duc de), maréchal de France et diplomate. 4 pages pleines, in-4. Lettre aut. sign. *De Bayonne*, 27 juin 1674. Il y est question de Bayonne et de l'importance de cette place, il parle d'un mémoire adressé à Louvois.

15. Mazarin (Le cardinal). Lettre aut. signée, 2 pages in-4. La suscription est d'une autre main. Cette lettre est adressée à madame de Venel, au Louvre. Cette dame était la gouvernante des nièces du cardinal dont il est question dans cette Lettre et surtout de *Marie*. Belle lettre.

16. Mazarin (Le cardinal). Neuf lignes et signature au bas d'une lettre *A monsieur le Chancelier*. Une page in-4, avec cachet.

17. Mazarin (Duc de). Lettre aut. sign. du 26 févr. 1676, *A monsieur le curé à Mézières*. Secours accordés. Reçu de *N. Launois, curé*, sur le dos de la lettre ; suscription et cachets.

18. Meilleraie (Duc de La). Billet aut. sign. 27 août 1700. Reconnaissance d'une dette de 5,000 livres.

19. Mancini (Hortense), duchesse de Mazarin. Lettre en partie autogr. et signée M. à la duchesse de Bouillon, sa sœur, avec suscription et cachet (*un chameau*). Les vers qui commencent la lettre ne sont pas de sa main. Ce sont des vers de Saint-Évremond à madame la duchesse de Mazarin où il est question de son mari et la réponse de madame de Mazarin. Cette copie paraît être de la main de Saint-Réal. La suite de la lettre est de sa main, elle y parle de sa position malheureuse et enfin du jeu qui fut sa dernière et déplorable passion.

20. Saint-Évremond. Lettre aut. signée, in-4 (seconde page seulement); quelques passages et la signature ont été barrés.

21. Montfaucon (Bernard de). Lettre aut. signée, 2 pages in-4, datée de *Paris*, 13 *septembre* 1733 et adressée *A monsieur de Mazaugues*, président à Aix en Provence. Il y est question des *Monuments de la monarchie française* et de la *Bibliotheca Bibliothecarum nova*, ce dernier ouvrage en projet.

22. Fénelon. Lettre aut. sign. 1 page in-4 (à madame Roujault), datée de *Cambrai* 20 *janvier* 1707. Il y est question de l'abbé Pucelle.

23. FÉNELON. Lettre autogr. non sign. 2 pages in-4 (à la comtesse de Montberon). Datée *de C (Cambrai)*, 26 juillet 1701.

24. RACINE. Lettre aut. sign. 2 pages in-8. Très-belle lettre à son fils, datée de Paris, 26 juillet. C'est celle qui commence ainsi : *Je m'estonnois, comme je vous l'ay dit, que vous n'ayez pas eu le temps de m'escrire un mot avant le départ de M. de Bonac.* Il y est question de madame Racine.

25. LA FONTAINE. La fable *la Grenouille et le Rat.* Copié au net de sa main avec huit lignes signées, trois pages in-4, très-belle pièce.

26. BOILEAU. Lettre aut. signée *Despréaux* aux pères jésuites, datée du 13 août 1709, où il leur atteste ne pas être l'auteur d'une satire faite contre eux, 1 page in-4.

27. LOUIS XIII. Lettre autogr. sign. avec suscription et cachet datée de Monceaux, ce 23 sept. 1634. Elle est très-belle : « Monsieur Boutiller, « je trouve bon que la Cie du Gouverneur soit de 200 hommes, il suffit de « celle du Lieutenant avec les trois autres pour parfaire les 600 homes. Je « vous envoie un marcassin pour le donner de ma part à mon cousin le « Card^al de Richelieu, je l'ay mis en main propre de vostre courrier. Je « me porte bien, graces au bon Dieu, et le prierai qu'il vous tienne en sa « sainte garde. LOUIS ».

28. LOUIS XV. Lettre signée avec suscription et cachet. *A mon cousin le prince de Monaco, 19 mars* 1771.

29. MIRABEAU. Billet aut. sign. 9 lignes, 12 oct. 1789. Proposition pour la saisie des biens ecclésiastiques et pour l'entretien par l'État des ministres du culte.

30. REGNARD. Feuillet in-fol. autographe. Ce sont des reparties plaisantes ou des observations comiques, écrites sans ordre et sans suite. Extrait d'un manuscrit.

31. PENTHIÈVRE (L.-J.-M. de Bourbon, duc de). Lettre aut. signée à M. le controlleur général. 1 page in-8.

32. TENCIN (Cardinal de). Lettre aut. n. sign. 1 p. in-4.

33. MARIE-ANTOINETTE. La signature deux fois répétée au bas d'un ordre de gratification donnée à neuf serviteurs. Cette pièce est contresignée *Augeard.* 1 page in-fol.

34. BARTHÉLEMY (Le marquis de), sénateur et pair de France. Lettre aut. sign. au citoyen Gaudin, 9 *vendémiaire an II.*

35. METTERNICH (Le prince de). Lettre aut. sign. 1 page in-4.

36. CHATEAUBRIAND. Fragment autogr. 2 pages in-4.

37. GŒTHE. Lettre aut. sign. 1823, en allemand. Sur le dos de la lettre traduction de 4 vers qui se trouvent en tête du feuillet in-8 (raccommodé). Cette traduction est de la main d'Aimé Martin.

38. BONAPARTE (Joseph). Lettre aut. sign. au duc de Bellune. 1 page in-4.

39. LOUIS-PHILIPPE. Lettre aut. sign. 1 page in-4, relative a la réception d'un membre dans l'ordre de la Toison d'Or.

40. LOUIS-PHILIPPE. Sa signature comme duc d'Orléans, 15 août 1819 Permission accordée au colonel de Sainte-Aldegonde.

41. NAPOLÉON, empereur. Lettre signée au duc de Bellune. *Troyes, le 5 février* (1814), avec deux corrections de sa main. Ordre de marche. Évacuation de Nogent-sur-Seine. Document historique, curieux et inédit.

42. NAPOLÉON (Empereur). Lettre signée N. au ministre Decrès, 23 mars 1815.

43. NAPOLÉON (Empereur). Lettre au comte Lavalette signée N. *Saint-Cloud,* 8 avril 1813, 1 f. in-4.

44. Lannes. Lettre autogr. signée au duc de Bellune, alors gouverneur de Berlin. Une page in-4.

45. Bellune (Maréchal de). Lettre aut. sign. 3 pages in-4. Original de sa démission au Roi après une discussion avec le Dauphin. Louis XVIII n'accepta pas cette démission.

46. Lavater. Lettre aut. sign. 1 page in-4 (en all.).

47. Casimir Périer. Lettre aut. sign. 1 page in-fol. *Ostende, 2 août* 1813.

48. Ravignan (Le Père). Lettre aut. sign. 1 page in-8. Paris, 8 mai 1853.

49. Ravignan (Le père). Lettre aut. non sign. 3 pages in-8.

50. Fortoul. Lettre aut. sign. 1 page in-4.

51. Boissy d'Anglas (Le comte). Lettre aut. sign. *A Guilbert de Pixerécourt,* 11 janvier 1825. 1 p. in-8.

52. Sarrazin (Adrien de). Lettre aut. sign. au baron de Gazan. 3 p. in-4.

53. Millevoie. Lettre aut. sign. 2 pages in-4. 10 *Thermidor an X*. La fin du *post-scriptum* n'existe plus.

54. Lacordaire (Le Père). Lettre aut. signée. 1 p. in-8. 24 *février* 1854.

55. Marie-Amélie (Reine des Français). Billet aut. non sign. daté des *Thuileries, 1er de l'an* 1839.

56. Victor Hugo. Lettre aut. signée, datée du 15 juin. Recommandation auprès du procureur général Frank-Carré. 1 p. in-8.

57. Lamennais. Billet aut. sign. L. 2 pages in-12. Il y est question d'une souscription pour Esquiros.

58. Lamennais. Billet aut. sign. L. 2 pages in-16.

59. Lamartine. Lettre aut. sign. Mars 1836. 1 page in-8. Il y est question de Pixerécourt.

60. Chateaubriand. Lettre signée et note aut. sur différents ouvrages demandés.

61. Désaugiers. Lettre aut. sign. à Armand Séville. 25 février 1827. 2 pages in-4.

62. Boissy-d'Anglas. Lettre aut. sign. 15 messidor an II. Relative à Bernardin de Saint-Pierre.

63. Malesherbes. Fragment aut. 2 pages in-16, dans un billet du comte Le Pelletier d'Aulnoy, qui constate l'authenticité de ce fragment.

64. Raynouard. Lettre aut. signée. 1 page in-4. 6 juillet 1825.

65. Charles Nodier. Lettre aut. sign. 1 page in-4, non datée. Il y est question du baron Taylor.

66. Canrobert (Maréchal). Lettre aut. sign. 18 janvier 1856.

67. Pélissier (Général). Lettre aut. sign. *Devant Sébastopol,* 17 juillet 1855. 1 p. in-4.

2. Bitaubé (Mme). Lettre de Mme Bitaubé à ses frères. In-fol. 11 feuillets in-fol.

C'est la relation de la détention de Bitaubé et de sa femme au Luxembourg en 1793. Les corrections sont de la main de Bitaubé, et l'écriture est certifiée par le libraire Lamy, éditeur des ouvrages de Bitaubé.

3. Ducis. Lettres autographes de Ducis, à Bernardin de

Saint-Pierre. 19 pièces in-4, en 1 vol. in-fol. mar. r. dos orné, fil. tr. dor.

Collection précieuse. Ces lettres sont datées de *Versailles*, an XII à 1806. La collection se termine par un cahier également de la main de Ducis intitulé : *Hymne des époux*, 14 pages en vers.

4. GENLIS (Mme de). Lettres autographes de Mme de Genlis à Bernardin de Saint-Pierre. 32 pièces in-8 et in-4, montées en 1 vol. in-fol. mar. r. dos orné, fil. tr. dor.

On remarque les lettres sur J.-J. ROUSSEAU, sur le *Paul et Virginie*, etc.

5. VOLTAIRE ET VAUVENARGUES. Lettres et Mélanges sur différents sujets. *S. l. n. d.* In-4, mar. rouge, tr. dor. (*Reliure ancienne.*)

Ce précieux manuscrit se compose de lettres de VOLTAIRE (AUT. SIGN.) adressées à Vauvenargues, au nombre de cinq, et se continue par différents cahiers autographes de Vauvenargues.

6. TRESSAN. LETTRES AUTOGRAPHES DU COMTE DE TRESSAN à M. de Vaux. In-4, mar. r. dos orné, fil. tr. dor.

Collection de 26 lettres non signées datées de Bitche et de Toul.

MANUSCRITS

7. BIBLIA. Pet. in-4, velours, tr. dor.

Manuscrit du XIVe siècle sur vélin très-fin et d'une écriture très-serrée. Il est orné de grandes initiales rubriquées et d'environ 200 petites miniatures sur fond d'or et très-bien conservées.

8. LES VESPRES DU DIMANCHE. In-12, mar. n. doublé de mar. r. tr. dor. (*Anc. rel.*)

Joli manuscrit du XVIIe siècle sur papier. Il imite l'impression et rappelle l'écriture de Jarry par sa perfection. Il est orné de trois petites peintures sur fond or, d'une grande finesse et d'une très-belle conservation.

9. OFFICE DES SAINTS. In-12, v. br. (*Petit.*)

Manuscrit du XVe siècle SUR VÉLIN 8 feuillets. Il est orné de 13 miniatures, bien conservées et d'entourages variés.

10. AUMALE (Mlle d'). Mémoires pour servir à l'histoire de Louis XIV et de Mme de Maintenon, par Mlle d'Aumale. In-4, demi-rel.

Manuscrit original et inédit, 325 pages. Il ne paraît pas terminé. La préface est du neveu de Mlle d'Aumale, demoiselle de compagnie de Mme de Maintenon.

11. Bernardin de Saint-Pierre. Carnet de voyage de Bernardin de Saint-Pierre. Pet. in-8, mar. bl. fil.

Carnet autographe composé de 53 feuillets dont quelques-uns sont restés blancs. — Notes détachées avec dates, du 20 avril 1776 au 23 mai suivant. Ce manuscrit contient encore quelques plantes desséchées cueillies par l'auteur. On a joint une lettre autographe sign. de Bernardin de Saint-Pierre à *la citoyenne* Didot *mère, à Essones*, du 23 pluviôse an IV.

12. Bernardin de Saint-Pierre. Plan de l'Amazone. In-4, demi-rel. avec coins mar. vert, dos orné, tr. supér. dor. éb. (*E. Niedrée.*)

Manuscrit autographe de Bernardin de Saint-Pierre, sur pages in-8, d'une écriture très-serrée et chargé d'additions. La reproduction du texte est calligraphiée en regard.

13. Bossuet. Additions pour le discours sur l'histoire universelle, par Bossuet. In-4, mar. noir, fil. (*Reliure ancienne.*)

Manuscrit autographe de 47 ff. in-4. Il est surchargé de corrections. On a ajouté le beau portrait de Bossuet par Grateloup.

14. Ciceronis officiorum, Horatii odarum, Virgilii Bucolicorum, Æneidos selecta. *S. l. n. d.* In-4, mar. vert, dos orné, large dent. sur les plats doublé de tabis rose, tr. dor. (*Anc. rel.*)

Manuscrit du xviiie siècle composé de 47 feuillets.
Les plats de la reliure portent les armes de d'Aremberg.

15. Constitutions de la Maison roïale de saint Louis établie à Saint-Cyr. *S. l. n. d.* In-12, mar. r. jans. tr. dor. (*Anc. rel.*)

Joli manuscrit de 448 pages. Il a été écrit pour madame de Maintenon qui y a fait quelques changements de sa main.

16. Coran (en arabe). In-16 obl. mar. br. à recouvrements.

Manuscrit sur papier qui est indiqué comme ayant appartenu au dernier bey de Constantine.

17. Camille Desmoulins. Entretiens de deux philosophes. *S. l. n. d.* In-4, mar. vert, dos orné, comp. dent. int.

Manuscrit autographe de Camille Desmoulins, composé de 34 pages.

18. Dumouriez. Histoire de la guerre d'Amérique. In-12, mar. r. fil. tr. dor.

Manuscrit autographe de Dumouriez. On a ajouté une lettre aut. signée à Beaumarchais, lui envoyant ce manuscrit en échange d'un exemplaire de Voltaire.

19. HALMA. ANALYSE de l'Almageste de Ptolémée, par l'abbé Halma. In-fol. demi-rel. avec coins mar. bleu, dos orné. (*E. Niedrée.*)

Manuscrit autographe de l'abbé HALMA.

20. HÉRAULT. Réflexions, anecdotes et critique, par M. Hérault, avocat général. 1789. In-4, bas.

Manuscrit autographe et inédit. Il se compose d'environ 450 pages.

21. MAINTENON (Mme de). Instruction générale. Ce 30 octobre 1688. In-16 (33 feuillets), mar. noir, tr. dor.

De la main de MADAME DE MAINTENON. On lit ces mots sur la garde du volume : « Mme de Maintenon a donné ce livre, qui est de sa main, à M. de Glapion après en avoir brûlé d'autres et toutes les lettres quelle avoit du Roy surtout un grand nombre pendant la campagne de Mons. Ce fut une perte irréparable que tout ce qu'elle mit au feu ce jour de l'année 1713. Mais elle ne voulut pas le laisser après elle. » De la bibliothèque de PIXERÉCOURT.

22. MARAT. Les Avantures du jeune conte Potowski (*sic*). In-4, mar. v. foncé, tr. supér. dor. non rog. (*Niedrée.*)

Manuscrit autographe de MARAT, 112 feuilles.

23. MEUN (Jehan de). EXPLICIT LE TESTAMENT MAISTRE JEHAN DE MEUN. In-4, bas.

Manuscrit du XVe siècle sur vélin. Il est orné d'une grande miniature à fond quadrillé et de lettres et bordures en or et couleurs.

24. PARMENTIER. Voyage aux Indes orientales (par Jean Parmentier). 1529. In-4, vélin.

Manuscrit autographe daté de *Dieppe*. Il composa le *Mystère de l'Assomption*, 1527 et découvrit l'île de l'Assomption à laquelle il donne ce nom.

25. RECUEIL de manuscrits intéressants. In-4, v. f. fil. (*Anc. rel.*)

Manuscrit du XVIIIe siècle composé d'anecdotes la plupart satiriques sur les personnages du temps de Louis XV.

26. RECUEIL du mélange de prose et de poésies latines et françaises *Calamo delineavit et scripsit Ph C... anno Domini*, 1753. Pet. in-12, mar. v. tr. dor.

Joli manuscrit écrit en caractères d'impression, composé de 314 pages et de la table. Il comprend *Ver-vert*, *la Chartreuse*, et autres poésies.

27. SAINT-LAMBERT SUR LA LÉGISLATION, par M. de Saint-Lambert, 6 feuillets. In-fol. d.-rel.

Manuscrit autographe.

28 SAINT-PIERRE (abbé de). Observations pour perfectionner l'éducation des collèges. *S. d.* (1723). In-4, bas.

Manuscrit autographe de l'auteur qui, selon une note signée de lui en tête du volume, destinait ce manuscrit au collège des Jésuites.

29. VOLTAIRE. PIÈCES FUGITIVES DE M. DE VOLTAIRE tant celles qui n'ont pas été encore imprimées que celles qui l'ont été. *S. l. n. d.* Pet. in-fol. mar. rouge, dos orné, dent. tr. dor. (*Reliure ancienne.*)

MANUSCRIT de la fin du XVIIIe siècle d'une jolie écriture, composé de 462 pages et d'une table alphabétique, le titre est encadré d'un dessin surmonté des armoiries de la marquise de Boufflers-Neuville qui épousa en 1750 Ch.-Fr. de Montmorency-Luxembourg, maréchal de France sous Louis XV. Ces armoiries sont frappées en or sur les plats de la reliure.

LIVRES ANNOTÉS

30. ANACREONTIS et aliorum lyricorum Odæ, gr. et lat., cum H. Stephani observ. *Typis regiis*, 1556. In-8. — Les Odes d'Anacréon, trad. du grec, par Remy Belleau. *Paris, André Wechel*, 1556. In-8, *portrait de Remy Belleau ajouté*, v. f. fil. tr. dor. (*Bauzonnet-Trautz.*)

Exemplaire portant la signature de C. Du Puy.

31. ANACRÉON, Sapho, Moschus, Bion, Tyrtée, etc., traduits en vers françois, par M. Poinsinet de Sivry. *A Nancy, chez Pierre Antoine, s. d.* In-12, mar. rouge, dos orné, fil. tr. dor. (*Rel. anc.*)

Aux armes de la marquise de Pompadour. Ces armoiries ont été grattées et presque effacées, la garde du volume contient 5 vers de l'auteur adressés à Mme de Pompadour.

32. AUBIGNAC (l'abbé d'). Dissertation sur la condamnation des théâtres (par l'abbé Hédelin d'Aubignac). *Paris, Pepingué,* 1666. In-12, mar. rouge, dos orné, fil. dent. int. éb. (*E. Niedrée.*)

Exemplaire très-précieux, chargé d'un commentaire, de notes et d'additions manuscrites de la main de MÉZERAY l'historiographe, qui a apposé sa signature au premier feuillet du volume. Il provient de M. Barbier, le savant auteur du *Dict. des Anonymes.*

33. BALZAC. LE BARBON (par Balzac). *Paris, Courbé*, 1648. In-8, mar. r. fil. tr. dor. (*Bauzonnet.*)

Bel exemplaire en grand papier. Il porte ces mots au bas du titre : *Pour Monsieur Arnauld, abbé de Saint-Nicolas*, BALZAC. Il est question ici du frère du grand Arnauld, évêque d'Angers, mort en 1692. On a joint son portrait et une lettre de sa main.

34. BARTHÉLEMY. Entretiens sur l'état de la musique grecque (par Barthélemy). *S. d.* In-8, demi-rel. n. rog.

Exemplaire couvert de notes de la main de BARTHÉLEMY.

35. CATULLUS, Tibullus, Propertius (*Venetiis, Aldus*). Petit in-8, demi-rel. v. f.

Exemplaire couvert de notes de F. PITHOU avec sa signature sur le titre.

36. CHÉNIER (M.-J.) : Azémire, tragédie. *Paris, Moutard*, 1787. In-8. — La Mort du duc de Brunswick, ode, 1787. In-8, papier vélin. — Rapport sur le rétablissement de l'Opéra, 1790. — Poème sur l'assemblée des notables, 1787. — Articles, etc. In-8, mar. r. tr. dor.

Presque toutes les pièces de ce recueil portent des corrections de la main de M.-J. CHÉNIER.

37. CHÉNIER. Poésies lyriques de Marie-Joseph Chénier. *Paris, Didot, an V.* In-12, pap. vél. mar. r. tr. dor. (*Anc. rel.*)

Exemplaire avec des notes et des corrections de la main de M.-J. CHÉNIER.

38. (MARCI TVLLII) CICERONIS OMNIA, QVÆ IN HVNC VSQVE DIEM EXTARE PVTANTVR OPERA in tres secta tomos, et ad variorum, vetustissimorumque codicum fidem diligentissime recognita, ac ultra ommes hactenus visas æditiones, locis aliquot locupletata. *Ex inclyta Germaniæ Basilea, per And. Cratandrum*, ann. M.D.XXVIII. In-fol. mar. viol. dos orné, dent. or et à froid sur les plats, tr. dor. (*Purgold.*)

PREMIER VOLUME, enrichi de notes manuscrites attribuées au TASSE. Une attestation du bibliothécaire de la Bibliothèque Barberini confirme l'authenticité de l'écriture.

En tête du vol. se trouve une copie d'une longue lettre du Tasse, faite de la main de M. Aimé-Martin.

39. DISCOURS sur les mariages contractez entre personnes de diverse religion. *A Montauban, par Denys Haultin*, 1595. Pet. in-8, mar. r. fil. tr. dor. (*Müller.*)

Cet exemplaire, grand de marges, est rempli de notes manuscrites du temps.

40. (DUPONT DE NEMOURS.) Philosophie de l'Univers (par Dupont de Nemours). *Paris,* 1814. In-8, v. f. n. rog. Portrait ajouté.

Exemplaire couvert de notes et d'additions de l'auteur pour une nouvelle édition.

41. ÉPICTÈTE. Manuel d'Épictète, trad. par Dacier. *Paris, Didot,* 1775. In-18, mar. v. fil. tr. dor. (*Anc. rel.*)

Exemplaire couvert de notes de Debure de Saint-Fauxbin.

42. EXPLICATION des peintures, sculptures et gravures de Messieurs de l'Académie royale. *Paris,* 1785. In-12, mar. bl. dos orné, fil. n. rog.

Exemplaire avec notes manuscrites de LAVOISIER.

43. Poésies de S. Edmond GÉRAUD suivies de six romances, par P. M. Lorrando. *Paris, Nicolle* (*de l'imprimerie de F.-Didot l'aîné*), 1818. In-12, v. viol. tr. marbr. (*Reliure fatiguée.*)

Il y a sur la garde une note aut. sign. de M. DE SÉGUR sur l'auteur.

44. GOUJET (abbé). De l'État des sciences en France. *Paris,* 1737. In-12, v. f. fil. tr. dor. (*Simier.*)

Avec une lettre autographe de l'abbé Goujet.

45. LAVATER. Hand-Bibliotheck für Freunde, von J. Kaspar Lavater. *S. l. n. d.* (1793). In-12, mar. r. fil. n. rog. (*Bauzonnet*).

Petit vol. non cité et extrêmement rare. Il renferme 48 morceaux de littérature.

Cet exemplaire n° III provient de la Bibliothèque de Lavater et porte sur deux feuillets (celui de garde et le titre) un envoi de lui à M. de Humboldt.

46. Œuvres choisies de LEBRUN, avec portrait. *Paris, Janet et Cotelle,* 1829. In-8, dem.-rel. v. f. n. rog. tr. sup. dor (*Bauzonnet*).

Exemplaire en GRAND PAPIER, avec deux strophes autographes signées de l'auteur.

47. MARMONTEL. Les Incas, ou la Destruction de l'empire du Pérou. *A Berne et à Lausanne,* 1777. 2 tom. en 1 vol. in-8, mar. vert, dos orné fil. tr. sup. dor.

Cet exemplaire est couvert de notes critiques, attribuées à Mallet du Pan.

48. MORAND. Childéric, tragédie dédiée à la Reine, représentée pour la première fois le 19 décembre 1736, par M. de

Morand. *Paris, chez Prault fils*, 1737. In-8, mar. rouge, dent. int. tr. dor. (*Niedrée*).

Exemplaire portant de nombreuses corrections de la main de l'auteur.

49. MORELLET. THÉORIE DU PARADOXE, par A. Morellet. *Amst.*, 1775. In-12, mar. r., fil. tr. dor. (*Niedrée*).

Cet exemplaire porte sur la garde une note d'Aimé-Martin ainsi conçue :

« Cet exemplaire est celui de l'auteur, il est terminé par une pièce manuscrite dont Morellet parle ainsi dans ses mémoires.

« *On trouvera dans mes papiers une autre petite pièce: Observation sur un article du journal du sieur Linguet. Elle est demeurée manuscrite (et inédite).*

« Le premier feuillet porte la signature de MORELLET. »

50. NOSTRADAMUS (J. de). Les Vies des plus célèbres et anciens poëtes provençaux qui ont floury du temps des comtes de Prouence (par J. de Nostradamus). *Lyon*, 1575. In-8, dem.-rel. mar. rouge antiq.

Exemplaire de J. CORBINELLI avec sa signature et des notes de sa main. De la bibliothèque PIXERÉCOURT.

51. OVIDE. Les Fastes, traduction en vers, par F. de Saint-Ange. *Paris, Dufour*, 1809. In-12, v. f. fil. n. rog.

Cet exemplaire porte sur la garde la note suivante de L. Aimé-Martin : « *Exemplaire corrigé par Saint-Ange. On a joint une lettre autographe fort curieuse ; elle fut envoyée à Bernardin de Saint-Pierre par Lakanal.* »

52. LE PARNASSE des plus excellents poëtes de ce temps (par D'Espinelle). *A Paris, chez Mathieu Guillemot* (1607). Pet. in-12, mar. rouge, fil. à comp. sur les plats, tr. dor. (*Rel. anc.*)

Cet exemplaire est annoté et corrigé de la main de MALHERBE.

Le titre est gravé par L. Gaultier, la marge intérieure est déchirée. Sur le dos et les plats de la reliure on remarque le monogramme A. V.

53. PIRON. Callisthène, tragédie, par M. Piron. *Paris*, 1730. In-8, v. marbr. fil.

Exemplaire avec un envoi autographe signé de PIRON.

54. PLAUTI Menechmæ. *Parisiis, ex typographiâ Dionysii à Prato*, 1595. In-4, mar. vert, tr. dor.

Exemplaire précieux couvert de notes et d'additions manuscrites de la main de PASSERAT. On a ajouté à la fin du volume: *Scaligeri epistola de vetustate et splendore gentis Scaligeræ* avec un envoi autographe de SCALIGER à PASSERAT.

55. Sapientissimi PLUTARCHI parallelæ vitæ Romanorum et Græcorum quadraginta nouem. (*In fine:*) *Florentiæ, in*

ædibus Philippi Juntæ anno uirginei partus humanæque salutis M.D.XVII (1517) v. brun.

Précieux exemplaire ayant appartenu à J. RACINE dont il porte deux fois la signature sur le titre. Les marges de ce volume sont aussi couvertes de notes écrites de la main de RACINE.

La reliure est moderne, mais les plats de celle primitive ont été conservés et rapportés.

56. PLUTARCHII Chæronei moralia opuscula, multis mendarum milibus expurgata. *Basileæ*, 1542. In-fol. mar. brun, fil. à comp. tr. dor. (*Niedrée.*)

« Inappréciable exemplaire d'une bonne édition qui a appartenu à F. RABELAIS, et qui est signé de lui. Les notes du texte sont également de sa main, et plusieurs offrent un grand intérêt. CH. NODIER. »

Note manuscrite signée sur la garde du volume.

On voit sur le titre les lignes suivantes qui sont transcrites avec la traduction autographe signée de L. Aimé-Martin, sur la garde du volume; nous ne mettons ici que la traduction : « Que Rabelais eût été bon s'il eût été pieux, mais comme il ne fut pas pieux, aussi ne fut-il pas bon. » Et ensuite : « Tu vois ici le nom de Rabelais, dont, plût à Dieu, la piété eût égalé le savoir. » Rabelais fut autrefois franciscain comme on le voit par les épîtres de Budé, son ami.

57. C. PLYNIUS SECUNDUS De Naturali hystoria diligentissime castigatus. (*In fine :*) *Impressum Venetiis accuratissime p. Bartolomeum de Zanis de Portesio ano Domini salutaris* MCCCCLXXXVI (1496). In-fol. car. ronds, lettres init. gravées en bois v. antiq. comp. à froid sur les plats. (*Reliure du commencement du* XVIe *siècle.*)

Précieux exemplaire, ayant appartenu à ÉRASME, dont il porte quatre fois la signature sur la première et la dernière garde, et qui constate que c'est un présent de Froben. Cet exemplaire est enrichi de plus de 1500 scholies ou notes marginales écrites de la main d'ÉRASME, la plupart en latin, beaucoup en grec et plusieurs en syriaque. On y a joint une belle LETTRE AUTOGRAPHE D'ÉRASME.

58. RACINE. Esther, tragédie. *S. l. n. d.* In-12, mar. la Vall. (*Niedrée.*)

Exemplaire couvert de notes de la main de Laya.

59. RACINE (L.). LA GRACE, poème, par L. Racine. *S. l. n. d.* Gr. in-8, mar. bl. tr. dor.

Exemplaire orné de figures et couvert de notes de LOUIS RACINE sur feuillets séparés.

60. REGNIER. Les Satyres et autres œuvres du sieur Regnier *Selon la copie imprimée à Paris,* 1642. In-12, v. ant.

Bel exemplaire, grand de marges.

Il porte sur le titre la signature de RACINE. Il est renfermé dans un étui de mar. r.

61. ROUSSEAU (J.-J.). Dissertation sur la musique moderne,

par J.-J. Rousseau. *Paris, Quillau,* 1743. In-8, mar. r. tr. sup. dor. éb.

Exemplaire portant une note de douze lignes de J.-J. Rousseau derrière le titre.

62. Saint-Lambert. Les Saisons, poème (par Saint-Lambert). *Amsterdam,* 1773. In-12, mar. r. n. rog. (*Ginain.*)

Exemplaire couvert de notes autographes de Roucher.

63. Salluste. Épîtres de Salluste à César, traduites par Eusèbe Salverte; suivies du Précis historique de Julius Exsuperantius. *A Paris, chez Raphael et Bertrandet, an VI.* Pet. in-12, mar. vert, dos orné, fil. dent. int. tr. dor. (*E. Niedrée.*)

On a joint à cet exemplaire un mémoire autographe d'Eusèbe Salverte, 49 pages in-18, et une note biographique également de sa main.

64. Sanlecque (le père). Poésies, nouvelle édition. *Harlem,* 1726. In-12, mar. citr. fil. tr. dor.

On a ajouté un autographe de Sanlecque.

65. Santolius. Hymni sacri et novi, authore Santolio. *Parisiis, Thierry,* 1689. In-12, mar. r. fil. tr. dor. (*Anc. rel.*)

Exemplaire portant un envoi autographe de Santeuil à l'archevêque de Paris.

66. Stephens. Mémoire explicatif sur la sphère caucasienne et spécialement sur le zodiaque, par Stephens, Suédois. *Paris, Migneret,* 1813. In-4, dem.-rel. v. f.

Notes manuscrites autographes de Delambre.

67. Stradæ Romani de bello Belgico decades. *Lugd. Bat.,* 1643. In-12, mar. r. fil. tr. dor. (*Anc. rel.*)

Exemplaire précieux, portant un envoi autographe signée par Bourdaloue.

68. Suard. Essai de mémoires sur M. Suard. *A Paris, à l'imprimerie de P.-Didot aîné,* 1820. Pet. in-8, dem.-rel. v. viol. dos orné, n. rog. (*Héring.*)

Cet exemplaire est celui de l'auteur.
Il renferme des corrections et additions autographes sur les marges et sur des feuillets détachés.

69. Tastu (Mad. A.) Poésies de Mme Amable Tastu. *Paris,* 1826. Gr. in-8, cart.

Exemplaire sur papier de Chine, dédié à M. Aimé-Martin, avec deux pages de vers de la main de l'auteur.

70. VOLTAIRE. DISCOURS EN VERS sur les événements de l'année 1744, par M. de Voltaire avec des corrections manuscrites *Paris, Prault*, 1744. — Nouvelle édition du discours précédent où sont imprimées les corrections manuscrites. — LE POÈME DE FONTENOY, avec l'épître au roy, le discours préliminaire et un envoi imprimé sur une petite feuille au dos de laquelle Voltaire a écrit : *M. de Montcrif, rue des Bons-Enfans, chez M. Dargenson.* — Le même poème, 4e édition, avec plusieurs corrections à la main et un billet que M. de Voltaire m'écrit. — Le même poème, 5e édition où les changements cy-dessus énoncés sont imprimés. — Le même poème, 6e édition avec un billet que m'écrit M. de Voltaire. — 6 part. en 1 vol. in-4°, mar. vert, dos orné, large dentelle sur les plats, dent. int. tr. dor. (*Derome, reliure signée.*)

Le titre de ce recueil a été écrit sur le premier feuillet par Montcrif qui en avait reçu toutes les pièces de Voltaire. Il est précieux à tous les titres. Il contient des corrections importantes pour les deux poèmes et surtout pour le poème de Fontenoy. Les billets de Voltaire ne sont pas signés. On a ajouté au volume un portrait de Montcrif, par Ingouf, et une lettre de Charles Nodier.

71. XENOPHONTIS libri V Ephesiacorum, de Amoribus Anthiæ et Abrocomæ, gr. et lat. *Londini*, 1726. In-8, mar. r. fil. n. rog.

Exemplaire couvert de notes de BRUNCK, avec une lettre autographe de ce savant, datée de Strasbourg, 1779, et en français. Cet exemplaire a appartenu à Paul-Louis Courier et à Aimé-Martin.

DEUXIÈME PARTIE

THÉOLOGIE

72. Biblia integra : summata : distincta : accuratius reemēdata utriusque Testamenti cōcor || dantiis illustrata. *Finit P. Johannem Froben de Hamelburq ciūe Basilien. anno Dñi* MCCCCXCV (1495). In-8, goth. texte à 2 col. mar. noir.

Fortes piqûres de vers.

73. La Sainte Bible, qui est toute la sainte Escriture, contenant le vieil et le nouveau Testament, traduite en françois, du latin des théologiens de Louvain. *A Rouen, par Jean Crenel,* 1611. Fort vol. in-8, texte à 2 col. bas.

74. La Bible, qui est toute la saincte Escriture du vieil et nouveau Testament, autrement l'ancienne et la nouvelle Alliance. Le tout reveu et conféré sur les textes hébreux et grecs. *A Sedan, par Jean Jannon,* 1633. In-12, v. antiq., comp. dor. tr. dor. texte à 2 col., carac. microsc.

Joli reliure du XVIe siècle, riches compartiments au pointillié sur le dos et les plats de la reliure. Elle a été restaurée.

75. La Bible, qui est toute la sainte Escriture du vieil et nouveau Testament, autrement l'ancienne et la nouvelle Alliance. Le tout reveu et conféré sur les textes hébreux et grecs. *A Sedan, par Jean Jannon,* 1633. In-12, texte comp. à 2 col. mar. r. dent. tr. dor. (*Bozérian jeune.*)

Bel exemplaire.

76. La Sainte Bible en latin et en françois, suivie d'un dictionnaire étymologique, géographique et archéologique. *Paris, Lefèvre* (*de l'imprimerie de Jules Didot l'aîné*), 1828-1834. 13 vol. in-8, figures, demi-rel. avec coins, v. viol. fil. tr. sup. dor. éb. (*Koehler.*)

Exemplaire en papier cavalier vélin, avec la suite des figures de Devéria en trois états : EAUX-FORTES, AVANT LA LETTRE sur chine et AVANT LA LETTRE sur blanc.

77. La Sainte Bible selon la Vulgate, traduction nouvelle avec les dessins de Gustave Doré. *Tours, Alfr. Mame et fils*, 1866. 2 forts vol. in-fol. papier vélin, figures, mar. rouge, dos orné, fil. doublé de moire verte, tr. dor. (*Capé.*)

78. Le Pentateuque, avec une traduction française et des notes philologiques, etc., par J.-B. Glaire et M. Franck. — Genèse. *Paris, Dondey-Dupré*, 1835. Gr. in-8, demi-rel. v. bleu, tr. marbr.

79. Histoire du Vieux et du Nouveau Testament (par David Martin), enrichie de plus de quatre cens figures en taille-douce. *A Anvers (Amsterdam), P. Mortier*, 1700. 2 vol. gr. in-fol. figures, demi-rel. chagr. noir, tr. dor.

Belles épreuves. La dernière figure de l'Apocalypse est avant les clous.

80. Évangiles des dimanches et fêtes, illustrés par Barbat père et fils. *Châlons-sur-Marne, imprimerie lithographique de Barbat*, 1844. In-4, mar. viol. dos orné, fil. croix ornées sur les plats, fil. int. tr. dor. (*Petit, success. de Simier.*)

Édition de luxe sur papier porcelaine; texte imprimé de différentes couleurs, avec encadrements variés.

81. La Vie de N.-S. Jésus-Christ, écrite par les quatre évangélistes, coordonnée, expliquée et développée par M. l'abbé Brispot, et illustrée de 130 gravures sur acier tirées sur papier de Chine, provenant des dessins de la collection du P. Jérôme Natalis. *Paris, Pilon*, 1853. 2 tom. en 1 vol. gr. in-fol. papier vélin, figures, mar. rouge, fil. à froid, doublé en moire blanche, tr. dor.

82. Heures de la sainte Vierge, avec plusieurs autres petits offices... par le sieur de Saint-Père, dédiées à S. A. S. Mme la princesse de Conty. *A Paris, chez Franç. Coustellier*, 1671. Pet. in-12, frontispice et figures gravées, mar. br. tr. dor. fermoirs. (*Reliure ancienne.*)

Ces Heures sont devenues très-rares, et le livre est très-recherché des curieux, à cause de la singularité des calendriers et du catalogue des saints qui s'y trouvent. (N. ms.)

83. Missale Parisiense illustrissimi et reverendissimi domini D. Caroli Gaspar. Guillelmi de Vintimille Parisiensis archiepiscopi auctoritate ac venerabilis ejusdem ec-

clesiæ capituli consensu editum. *Lutetiæ Parisiorum*, 1830. In-fol. chagr. noir, ornements en métal et à relief sur les plats, tr. dor.

84. Office de saint Jacques le Majeur, apostre, nouvellement dressé pour l'église paroissiale de Saint-Jacques-de-la-Boucherie, selon le bréviaire de Paris. *A Paris, chez de Hansy*, 1769. In-12, figure, mar. rouge, dent. tr. dor. (*Reliure ancienne.*)

85. Credo du sire de Joinville. *Paris, Didot*, 1837. In-4, mar. br. doublé de mar. vert avec dentelle, tr. sup. dor. éb. (*Niedrée.*)

Exemplaire de M. le comte de Saint-Mauris, sur vélin. On a ajouté un exemplaire sur papier de Hollande et un autre sur papier jaune.

Publication faite par la Société des bibliophiles français.

86. Légende de saint Hubert, précédée d'une préface bibliographique et d'une introduction historique par Édouard Fétis. *Bruxelles, A. Jamar*, 1846. In-8, v. f. fil. tr. dor. (*Simier.*)

87. Fragment des révélations apocryphes de saint Barthélemy et de l'histoire des communautés religieuses fondées par saint Pakhome, traduit sur les textes copte-thébain inédits conservés à la Bibliothèque du roi, par M. Ed. Dulaurier. *Paris, Impr. royale*, 1835. In-8 de 48 pages, demi-rel. v. bleu, tr. jasp.

88. Responses aux Lettres provinciales publiées par le secrétaire du Port-Royal contre les PP. de la Compagnie de Jésus sur le sujet de la morale desdits Pères. *A Liège, chez Jean-Mathias Hovius*, 1658. In-12, chagr. noir, jans. tr. dor. (*Thompson.*)

89. Oraisons funèbres de Fléchier, de Mascaron, Bourdaloue et Massillon. *A Paris, de l'imprimerie et de la fonderie stéréotype de Pierre Didot l'aîné*, 1803. 2 vol. in-12, cart. n. rog. (dans des étuis).

Exemplaire sur peau de vélin provenant des doubles de la bibliothèque du duc d'Aumale.

90. La Vie, Mort et Doctrine de Jean Calvin, autrefois ministre de Genève, escrite par M. Hierosme Hermes Bolsec, docteur médecin, et imprimée à Lyon l'an 1577; ensemble la vie de Jean Labadie, à présent ministre à

Genève (par A. Offray). *A Lyon, chez Ant. Offray,* 1664. 2 part. en un vol. pet. in-8, v. f. fil. tr. dor. (*Niedrée.*)

91. DISCOURS ET MÉDITATIONS CHRESTIENNES, par Ph. de Mornay, sieur du Plessis-Marli. *A Saumur, par Thomas Portar,* 1605. Fort vol. in-12, mar. rouge, fil. tr. dor. (*Reliure ancienne.*)

PRÉCIEUX VOLUME imprimé à Saumur, dont DUPLESSIS-MORNAY était gouverneur. Il renferme : 1. *Discours sur la vie et la mort,* suivi d'une pièce de poésie ; 2. *Méditations sur divers psaumes de David et autres passages de l'Ecriture sainte;* 3. *Discours sur les versets* 6 *et* 7 *de la seconde à Timothée* (ce discours est dédié à Mme de la Trémouille) ; 4. *Les Larmes de Duplessis-Mornay sur la mort de son fils.* Cet opuscule, non moins curieux qu'éloquent, est précédé d'une dédicace à Charlotte Arbaleste, femme de l'auteur, et suivi de poésies composées en l'honneur de M. de Bauves, fils de D. Mornay.

Cet exemplaire a appartenu à DU PLESSIS-MORNAY, ainsi que le constate la reliure à ses armes et à son monogramme sur le dos et aux angles des plats; il est couvert de notes et de corrections autographes de Du Plessis-Mornay. Il est enfin imprimé sur PEAU DE VÉLIN.

Ces circonstances en font un livre UNIQUE.

92. Remonstrance de l'Église réformée de Sedan aux Églises réformées du royaume de France. *S. l.*, 1606. 47 pages. — Considérations d'Estat sur le livre publié depuis quelques mois sous le titre d'Avertissement au Roy. 1626. 56 pages. — Le Manifeste françois contre la trop grande présomption des Espagnols. 1624. 32 pages. — Response du sieur Hydaspe au sieur de Balzac sous le nom de Sacrator touchant l'Anti-Théophile et ses escrits. 1624. 31 pages. — Effronterie, insolence et présomption d'Alard, dit Desplans, Comtadin, au mespris des édicts du Roy et arrests de la cour de Parlement contre les duels. 1624. 14 pages. — Le Tombeau de monseigneur le duc de Mayenne, ou le Temple de la magnanimité, par le sieur Bardin. *Jouxte la copie imprimée à Saintes, chez J. Bichon,* 1621. 16 pages. — L'Ombre de monseigneur le duc de Mayenne aux princes, seigneurs, gentilshommes et peuple françois. 16 pages. — Relation du Père Placide de Brémond, bénédictin, faite à Sa Majesté à son retour de l'isle de Ré, au camp d'Estré, devant la Rochelle. Du passage miraculeux de vingt-neuf barques que monsieur le cardinal envoya à monsieur de Toiras en la citadelle de S. Martin de Ré... *Paris,* 1627. 46 pages. Ens. 7 pièces réunies en un vol. pet. in-8, v. f. antiq.

Il manque les pages 35 à 39 de la seconde pièce.

93. Esquisses poétiques de l'Ancien Testament, précédées d'une introduction sur la poésie du protestantisme, par Athanase Coquerel. *Paris*, *Risler*, 1831. In-8, demi-rel. v. bleu, tr. jasp.

Lettre autographe de l'auteur ajoutée.

94. Histoire de l'origine de toutes les religions qui iusques a présent ont esté au monde, auec les auteurs d'icelles, en quelle prouince, sous quels empereurs et papes, et en quel temps elles ont esté instituées... auec l'origine des ordres militaires, recueillie par R. P. Frère Paul Morise, Milanois, de l'ordre des Jésuites de Sainct-Jérosme, et traduit d'italien. *A Paris, chez Robert Coulombel,* 1578. In-8, mar. rouge, dos orné, dent. sur les plats, tr. dor. (*Lefebvre.*)

JURISPRUDENCE

---

95. Justinianus. Corpus juris civilis, cum notis integris D. Gothofredi, lectionibus variis et notis selectis variorum, opera et studio Sim. Van Leeuven. *Amstelodami, apud Joannem Blaeu, apud Ludovicum et Danielem Elzevirios,* 1663. 2 tom. en un vol. in-fol. mar. rouge, dos orné, style de Padeloup, fil. dent. int. tr. dor. (*Closs.*)

Très-bel exemplaire de cette édition, la plus recherchée. Elle est considérée comme le chef-d'œuvre des Elzevirs.

96. Les Ordonnances et Édicts du tres-chrestien roy de France Charles neufiesme du nom, à présent régnant, sur le faict de la confirmation des offices royaux et priviléges. *A Paris, pour Vincent Sertenas,* 1562. Pet. in-8, demi-rel. v. f. tr. peigne. (*Corfmat.*)

97. Coustumes generalles des pays et duché de Berry, tant de la ville et septaine de Bourges, que des aultres villes et lieux dudict pays et duché. *Et se vendent lesdictes coustumes à Bourges à lenseigne de la Fleur de lys dor, en lhostel de Barthellemy Bartault, et près les escolles de droict ciuil, en lhostel de Jehan Garnier. Et à Paris, rue*

Neufue nostre Dame a lēseigne du Faulcheur en lhostel de Pōce Rosset, dict le Faulcheur. (A la fin :) *Fin des présentes coustumes nouuellement imprimées à Paris par Michel Fezandat, pour Ponce Rosset dict le Faulcheur, Barthellemy Bartault et Jehā Garnier, Libraires. Et ont esté acheuées le xiii iour Doctobre M.d.xl.* (1540). In-4, mar. vert foncé, dos et plats semés de fleurs de lis, doublé de mar. vert foncé, fil. à comp. avec chiffres et monogrammes. (*Petit, succ. de Simier.*)

Exemplaire sur PEAU DE VÉLIN.

Après les 96 premiers ff. chiffrés, on trouve le procès-verbal, la table des rubriques et l'errata, occupant ensemble 53 feuillets, et enfin un dernier feuillet blanc au recto, et dont le verso porte la marque de Pierre de Sartières, lequel avait pour devise : *Tout se passe, fors Dieu aimer.* Ce dernier feuillet n'est pas dans tous les exemplaires.

La marge inférieure du titre contient un écusson d'azur au chef d'or, un chevron d'argent et 3 coquilles d'or, deux en tête et une en pointe.

98. Anciennes Ordonnances des ducs de Bouillon pour le règlement de la justice de leurs terres et seigneuries souveraines de Sedan, etc., avec les coutumes générales. *A Sedan, chez Adrien Thésin,* 1717. Pet. in-fol. mar. rouge, dos orné, fil. dent. int. tr. dor. (*Capé.*)

SCIENCES

---

99. Collection des moralistes anciens, dédiée au roi. *A Paris, chez Didot l'aîné et De Bure l'aîné,* 1782-1795. 16 vol. in-18, papier fin, v. f. antiq. fil. dos orné, tr. dor. (*Simier.*)

100. Collection des moralistes anciens, dédiée au roi. *A Paris, chez Didot l'aîné et De Bure l'aîné,* 1785-1795. 16 tomes en 5 vol. in-18, papier fin, mar. vert, fil. à froid, dent. int. tr. dor. (*Petit, succ. de Simier.*)

101. Le Ménagier de Paris, traité de morale et d'économie domestique, composé vers 1393 par un bourgeois parisien; publié pour la première fois par la Société des bi-

bliophiles français. *A Paris, de l'imprimerie de Crapelet,* 1846. 2 vol. in-8, papier vergé de Hollande, jolie demi-rel. avec coins, mar. vert foncé, dos orné, fil. tr. sup. dor. n. rog. (*Petit, succ. de Simier.*)

Livre curieux dont la publication est particulièrement due à M. le baron J. Pichon, président de la Société des bibliophiles.

102. Les Essais de Michel, seigneur de Montaigne; édition nouuelle prise sur l'exemplaire trouué après le deceds de l'autheur, reueu et augmenté d'vn tiers oultre les précédentes impressions, enrichis de deux tables curieusement exactes et élabourées. *A Paris, chez Abel l'Angelier,* 1604. Fort vol. in-8, titre gravé, mar. rouge, fil. à froid, dent. int. tr. dor. (*Lortic.*)

103. De la Sagesse, trois livres, par Pierre Charron. *A Leide, chez Jean Elsevier,* 1656. In-12, frontispice gravé, v. f. dos orné, fil. dent. int. tr. dor.

Hauteur : 130 millim.

104. Réflexions ou Sentences et Maximes morales de la Rochefoucauld, avec un examen critique, par L. Aimé-Martin. *Paris, Lefèvre (de l'imprimerie de Crapelet),* 1822. In-8, cuir de Russie, dos orné, fil. tr. dor. (*Purgold-Héring.*)

Bel exemplaire en papier vélin. Portrait de l'auteur gravé par Bretonnier d'après Petitot, ÉPREUVE SUR CHINE AVANT LA LETTRE, et une double épreuve AVANT LA LETTRE sur blanc avec cadre et tablette.

105. Maximes et Réflexions morales du duc de la Rochefoucauld. *Paris, de l'imprimerie de Didot le jeune,* 1827. In-64, mar. vert, comp. de fil. doublé de mar. rouge, dent. et fil. tr. dor. (*Petit, succ. de Simier.*)

Jolie édition en caractères microscopiques.

106. De la Recherche de la vérité, par M. Malebranche, prêtre de l'Oratoire de Jésus. *Paris,* 1772, *chez les libraires associés.* 4 vol. in-12, demi-rel. avec coins, v. f. fil. non rognés. (*Koehler.*)

107. Joannis Robeck. De Morte voluntaria philosophorum et bonorum virorum etiam Judæorum et Christianorum; præfatus est Funcerus. *Rintelii,* 1736. In-4, v. antiq. marbr.

Bel exemplaire d'un livre rare ayant appartenu à CHARLES NODIER.

108. Pensées philosophiques sur la nature, l'homme et la

religion. *A Paris, chez Royez*, 1784-1786. 4 vol. in-18, demi-rel. v. f. ébarbés. (*Koehler.*)

109. Azaïs. Jeunesse, Maturité, Religion, Philosophie. *Paris, Arm. Cluzel*, 1837. — Azaïs. Explication et Histoire du puits de Grenelle. *Paris, Ledoyen*, 1842. — Azaïs. Question philosophique. Quelle est, dans l'univers, la destinée du genre humain? Ens. 3 ouvr. en un vol. in-8, v. f. dos orné, fil. tr. dor.

Envoi et lettre autographe de l'auteur adressés à M. Aimé-Martin, et lettre de ce dernier ajoutée à la suite.

110. Pensées de Christine, reine de Suède, avec une notice sur sa vie. *Paris, Ant.-Aug. Renouard*, 1825. Pet. in-8, papier vélin, texte encadré, portrait lithogr. cart. n. rog.

111. Livre des lumières, ou la Conduite des roys, composé par le sage Pilpay Indien, traduit en françois par David Sahid d'Ispahan, ville capitale de Perse. *A Paris, chez Siméon Piget*, 1644. In-8, mar. vert, tr. dor. (*Reliure ancienne.*)

Exemplaire aux armes de L.-C. de Crémeaux d'Entragues, lieutenant général de Maconnais.

112. Des Institutions sociales (par B.-E. Manuel). *S. l., an VII*. In-8, dem.-rel. v. rose.

Ouvrage imprimé au château de Montmorency.

113. La Politique du temps, traitant de la puissance, autorité et du devoir des princes des divers gouvernemens, jusque où l'on doit supporter la tyrannie, et si en une oppression extrême il est loisible aux sujets de prendre les armes pour défendre leur vie et liberté; quand, comment, par qui, et par quel moyen cela se doit et peut faire. *Jouxte la copie imprimée à Paris*, 1650, pet. in-12 de 250 pp. mar. bleu, fil. tr. dor. (*Reliure ancienne fatiguée.*)

114. Mémoires politiques sur l'origine des guerres, par de Vauciennes. *Amsterdam, chez David Mortier*, 1715. 2 vol. in-12, demi-rel. avec coins mar. vert, dos orné, non rog. (*Koehler.*)

115. Fragment sur les institutions républicaines, ouvrage posthume de Saint-Just, précédé d'une notice par Ch. Nodier. *Paris, Techener*, 1831. In-8, demi-rel. v. rose.

Exemplaire en grand papier vélin non rogné, très-rare.

116. Catéchisme français, ou Principes de philosophie, de morale et de politique républicaine, à l'usage des écoles primaires, par La Chabeaussière. *Paris, Fournier,* 1846. In-8, dem.-rel. mar. r. tr. supér. dor. éb. (*Capé.*)

117. Lettres à Sophie sur la physique, la chimie et l'histoire naturelle, par L. Aimé-Martin ; avec des notes, par M. Patrin. *Paris, Lefevre, de l'imprimerie de Crapelet,* 1822, 2 vol. in-8, figures en couleur, v. olive, fil. tr. dor. (*Thompson.*)

118. Azaïs. Explication et tableau du puits de Grenelle. Quatrième édition, augmentée de notes importantes et d'un appel philosophique à la génération actuelle. *A Paris,* 1841. In-8, de 70 pages, dem.-rel. v. rose.

Lettre autographe de l'auteur ajoutée, 4 pages in-4°.

119. L'Histoire naturelle et générale des Indes, isles et terre ferme de la grand mer Océane, traduicte de castillan en françois (par Jean Poleur). *A Paris, de l'imprimerie de Michel de Vascosan, demeurant rue Sainct Iaques, à la Fontaine,* 1556. In-fol. figures sur bois dans le texte, mar. vert, comp. sur les plats (style xvie) dent. int. tr. dor. (*J. Mackenzie.*)

Quelques marges du haut sont restaurées.

120. The Breeds of the domestic animals of the British Islands described by David Low and illustrated with plates from drawings by Mr. W. Nicholson, reduced from a series of portraits from life, executed for the agricultural Museum of the University of Edinburgh, by Mr. W. Shiels. *London, Longman, Orme, Brown, Green,* 1842. 2 tomes en 1 vol. in-fol., papier vélin fort, planches coloriées, demi-rel. avec coins mar. rouge, dos orné, fil. tr. dor. (*Reliure anglaise.*)

121. Pomologia Britannica; or figures and descriptions of the most important varieties of fruit cultivated in Great Britain, by John Lindley. *London, H. Bohn,* 1841. 3 vol. gr. in-8 avec 152 planches coloriées, dem.-rel. avec coins mar. fauve, dos orné, fil. tr. dor. (*Reliure anglaise.*)

122. Résumé des principaux traités chinois sur la culture des mûriers et l'éducation des vers à soie, traduit par

Stanislas Julien. *Paris, Imprimerie royale,* 1837. Gr. in-8, dem.-rel. v. f.

123. Aurelii Cornelii Celsi medicinæ libri VIII. *Venetiis, in ædibus Aldi,* 1528. In-8, mar. à comp. tr. dor. (*Thomson.*)

124. Ortus medicinæ, id est initia physicæ inaudita, progressus medicinæ novus, in morborum ultionem ad vitam longam, authore Joanne Baptista van Helmont. *Amst., apud Ludovicum Elzevirium* (*Ne extra oleas*), 1652. In-4, texte à 2 col. dem.-rel. v. br. tr. jasp.

125. Essais sur la physiognomonie destinés à faire connaître l'homme et à le faire aimer, par Jean Gaspar Lavater (trad. en français par Mme de la Fite, MM. Gaillard et Henri Renfner). *La Haye, s. l.* (1781-1787). 4 vol. gr. in-4, figures, cuir de Russie, quadr. dent. tr. dor. (*Bozérian.*)

Belle édition.

CHASSE

126. Almanach du chasseur, ou Calendrier perpétuel à l'usage de ceux qui aiment la chasse, des remarques sur les différentes espèces de chasses; un dictionnaire des termes de fauconnerie, vénerie, etc., et des fanfares de chasse. *A Paris, chez Pissot,* 1773. In-12, 37 pages de musique gravée, mar. vert, dos orné, fil. dent. int. tr. dor. armoiries sur les plats. (*Capé.*)

Joli titre gravé de Choffard.

127. L'Éloge de la chasse, avec plusieurs aventures surprenantes et agréables qui y sont arrivées. *A Paris, chez Jean-Luc Nyon,* 1723. In-12, mar. rouge, dos orné, fil. dent. int. tr. dor. (*Tripon.*)

Exemplaire du roi Louis-Philippe.

128. Guide et hygiène des chasseurs, par M. le comte de Langel, avec des additions de MM. Delbarre et Julia de

Fontenelle. *Paris, Arthus Bertrand, s. d.* In-8, 2 gravures, mar. rouge, dos orné, fil. dent. int. t. dor. (*Capé.*)

129. La Vénerie royale divisée en 4 parties qui contiennent les chasses du cerf, du lièvre, du chevreuil, du sanglier, du loup et du renard, par Robert de Salnove (avec le Dictionnaire des chasseurs). *Paris, Ant. de Sommaville,* 1665. In-4, mar. rouge, fil. tr. dor. (*Tripon.*)

130. La Vénerie de Jacques du Fouilloux, seigneur dudit lieu, gentilhomme du pays de Gastine, en Poictou. *Paris, Pierre David,* 1640. In-4, mar. vert, tr. dor. (*Capé.*)

Bel exemplaire. Édition ornée de figures sur bois et augmentée du *Miroir de la Fauconnerie, par Pierre Harmont.* Paris, David, 1640.

131. Vénerie normande, ou École de la chasse aux chiens courants, etc., par Le Verrier de la Conterie. *Rouen, chez Laurent Dumesnil,* 1778. In-8, figures et musique, mar. rouge, dos orné, fil. dent. int. tr. dor. (*Tripon.*)

Exemplaire du roi Louis-Philippe.

132. Nouveau Traité de vénerie, contenant la chasse du cerf, celle du chevreuil, du sanglier, du loup, du lièvre et du renard, avec la connoissance des chevaux propres à la chasse... Un dictionnaire de la chasse du cerf et du chevreuil, par un gentilhomme de la vénerie du Roy. *A Paris, chez Mesnier,* 1742. In-8, figures et musique gravée, mar. rouge, dos orné, fil. dent. int. tr. dor. (*L. Tripon.*)

Exemplaire du roi Louis-Philippe.

133. Calendrier ou essai historique et légal sur la chasse, dans lequel on trouve des remarques curieuses et utiles sur les anciennes chasses, tant étrangères que nationales, les règlements anciens et modernes qui ont été faits sur cet objet et un précis du droit des entrées du gibier dans Paris. *A Paris, chez Lejay,* 1770. In-12, mar. vert, fil. éb. (*Armoiries sur les plats. Petit, succ. de Simier.*)

134. Méthodes et projets pour parvenir à la destruction des loups dans le royaume, par M. de Lisle de Moncel. *A Paris, de l'Imprimerie royale,* 1768. In-12, mar. rouge, dos orné, fil. dent. int. tr. dor. (*Tripon.*)

Exemplaire du roi Louis-Philippe.

135. G. Sim. Winteri tractatio nova et auctior de re equaria. *Nürnberg,* 1687. In-fol. vélin, *figures.*

136. Alphabet-album, collection de soixante feuilles d'alphabets historiés et fleuronnés, tirés des principales bibliothèques de l'Europe ou composés par Silvestre, professeur de calligraphie des princes, gravés par Girault. *Paris, J. Techener,* 1843. In-fol. demi-rel. v. viol. dos orné fil. tr. jasp.

BEAUX-ARTS

137. Original designs of the most celebrated masters of the Bolognese, Roman, Florentine and Venetian schools, comprising some of the works of Leonardo da Vinci, Claude Lorrain, Raphael, etc., in His Majesty's collection, engraved by Bartolozzi, Tomkins, etc., with biographical and historical sketches by Chamberlaine. *London.* 1812. In-fol. figures, demi-rel. avec coins mar. rouge, dos orné, fil. tr. dor. (*Reliure anglaise.*)

138. A Collection of original etchings *London, Schulze,* 1816. In-fol. mar. bl. dent. tr. dor. (*Rel. angl.*)

Réunion de 200 eaux fortes, d'après les maitres, montées sur pap. in-fol.

139. La Vie des peintres flamands, allemands et hollandais, avec des portraits gravés en taille-douce, une indication de leurs principaux ouvrages, et des réflexions sur leurs différentes manières, par J.-B. Descamps. *Paris, chez Ant. Joubert,* 1753-1764. 4 vol. — Voyage pittoresque de la Flandre et du Brabant, avec des réflexions relativement aux arts et quelques gravures (par le même). *Paris, Desaint, Saillant,* 1769. 1 vol. — Ens. 5 vol. in-8, portraits gravés, demi-rel. mar. rouge, tr. supér. dor. n. rog.

Bel exemplaire.

140. GALERIE DES PEINTRES FLAMANDS, hollandais

et allemands; ouvrage enrichi de deux cent une planches gravées d'après les meilleurs tableaux de ces maîtres, par les plus habiles artistes de France, de Hollande et d'Allemagne, avec un texte explicatif, par M. Lebrun, peintre. *A Paris, chez l'auteur, et à Amsterdam, chez P. Fouquet*, 1792. 3 tomes en 2 vol. in-fol. mar. rouge, dos orné, large dent. sur les plats, tr. dor. (*Reliure ancienne hollandaise.*)

Très-bel exemplaire; épreuves AVANT LA LETTRE, sauf 7 épreuves avec la lettre.

141. L'Œuvre de Rembrandt, reproduit par la photographie, décrit et commenté par M. Charles Blanc. *Paris, Gide et Baudry*, 1853. In-fol. figures, demi-rel. avec coins, mar. rouge, tr. supér. dor. éb. (*A. Bertrand.*)

Cet exemplaire est monté sur onglets.

142. IMPERIALE ET REALE GALLERIA DI FIRENZE pubblicata con incisioni in rame da una società e illustrata da Ferdinando Ranalli, dedicata à Sua Maestà Nicolo primo Imperatore di tutte le Russie. *Firenze*, 1844-1846. 4 vol. gr. in-fol. (2 de texte et 2 de planches), demi-rel. mar. rouge.

Bel exemplaire en GRAND PAPIER NON ROGNÉ, provenant du ROI LOUIS-PHILIPPE. Les figures sont AVANT LA LETTRE.

143. GALERIES HISTORIQUES DE VERSAILLES (publiées par ordre du Roi sous la direction de MM. Gavard, Calamatta et Mercuri, pour les gravures), dédiées à Sa Majesté la Reine des Français, par Ch. Gavard. *Paris*, 1838 et années suivantes. 13 vol. gr. in-fol. demi-rel. chagr. bleu, ébarbés.

ÉDITION DE LUXE (*papier vélin demi-colombier*) avec les planches sur CHINE, et le texte orné de vignettes, culs-de-lampe et ornements gravés sur bois.

144. (Figures de la Bible.) Taferelen der voornaamste Geschiedenissen van het oude en Nieuwe Testament en andere boeken, bij de Heilige schrift gevoet door de vermaadste kuntschilders getekent, en van de beste meesters in koper gesneden en met beschrijvinjen Uitgebreid. *Te Amsteldam, Bernard Picart*, 1718. In-fol. papier de Hollande, figures, v. marbr. antiq. comp. dorés sur les plats, tr. dor. (*Reliure hollandaise.*)

145. La Vie de saint Bruno, fondateur de l'ordre des Chartreux, peinte au cloistre de la Chartreuse de Paris, par Eustache Le Sueur, peintre ordinaire du Roy, gravée par François Charneau, et terminée au burin par Ch. Simonneau. *S. l. n. d.* In-fol. titre et 22 planches, cart. n. rog.

146. Recherches historiques et littéraires sur les danses des morts et sur l'origine des cartes à jouer, ouvrage orné de cinq lithographies et de vignettes, par Gabr. Peignot. *Dijon et Paris,* 1826. In-8, figures, v. olive, dos orné, fil. tr. dor.

147. Engravings of ancient cathedrals, hotels de ville and other public buildings of celebrity in France, Holland, Germany and Italy, drawn on the spot and engraved by John Coney. *London, Henry G. Bohn,* 1842. In-fol. (sans texte), 32 planches pliées, montées sur onglets, demi-rel. avec coins, mar. rouge, dos orn. fil. tr. dor. (*Reliure anglaise.*)

148. Godtvrugtige almanach of Lof gedachtenis der heyligen. *Amsterdam,* 1730. In-4, vélin.

Suite de 365 jolies figures en médaillons de Sébastien Le Clerc, tirées sur format in-4.

149. La Caricature morale, religieuse, littéraire et scénique. N° 1, 4 novembre 1830, au n° 251, 27 août 1835. 6 vol. in-4, nombr. planches noires et color. demi-rel. avec coins, chagr. bleu, fil. non rog.

Le sixième volume comprend le texte de 19 dessins de la *Lithographie universelle*, et 24 planches in-folio pliées.

150. Recueil d'environ 140 caricatures anglaises en couleur du commencement du siècle, montées sur papier. In-fol. cart.

Des explications manuscrites sur les personnages se trouvent au bas de presque toutes les planches.

151. Musée de la caricature, ou Recueil des caricatures les plus remarquables, publiées en France, depuis le XIVe siècle jusqu'à nos jours, pour servir de complément à toutes les collections de mémoires, calquées et gravées à l'eau-forte sur les épreuves originales du temps, par E. Jaime, avec un texte historique et descriptif. *Paris, Delloye,* 1838, 2 vol. in-4, figures noires et color. demi-rel. chagr. bleu, fil. tr. dor.

152. Engravings from the works of sir Joshua Reynolds. *London, published by Hodgson, s. d.* 3 vol. in-fol. 300 portraits gravés sur beau papier vélin fort, demi-rel. avec coins mar. rouge, dos orné, fil. tr. dor. (*Reliure anglaise.*)

153. Portraits of illustrious personages of the court of Henri VIII engraved in imitation of the original drawings of Hans Holbein, with biographical and historical memoirs by Edmund Lodge, published by John Chamberlaine. *London, printed by William Bulmer,* 1828. Gr. in-4, portraits gravés, marge rouge, dos orné, large dent. sur les plats, tr. dor. (*Reliure anglaise.*)

154. Pinacotheca Fuggerorum S. R. J. Cornitum ac Baronum in Khierchperg et Weissenhorn, editio nova multis imaginibus aucta. *Ulmæ, apud Joann. Frid. Gaum,* 1754. In-fol. titre et 140 portraits gravés, v. olive, fil. tr. dor. (*Kœhler.*)

Très-belles épreuves.

155. Album de chasse. — 12 grandes gravures anglaises, sur bristol, publiées à Londres en 1852. Demi-rel. chagr. br.

156. Goya. Caprichos. *S. l. n. d.* In-4, portrait et 80 planches gravées, chagr. rouge, dos orné, fil. tr. dor.

157. Abrégé de l'Histoire universelle en figures, ou Recueil d'estampes, dessinées par Marillier, et gravées par Duflos le jeune. *Paris,* 1785. In-4, mar. r. — Histoire de la République romaine, figures de Mirys, gravées par Patas. 120 planches in-4, mar. r. dent. tr. dor.

Reliure ancienne uniforme.

158. NAPOLÉON ET SES CONTEMPORAINS. Suite de gravures représentant des traits d'héroïsme, de clémence, de générosité, de popularité, avec texte, publiée par Auguste de Chambure. *Paris, Bossange,* 1824. 2 parties en un vol. in-4, figures, mar. rouge, dos orné, comp. en or à froid et mosaïque sur les plats, doublé de mar. vert, comp. or avec milieu mosaïque, tr. dor. (*Ledoux.*)

Exemplaire de Pixerécourt, sur papier vélin fort. Les figures de Desenne sont en trois états, eaux-fortes avant la lettre sur chine et avant la lettre sur blanc.

159. Les Ardennes illustrées (France et Belgique), publiées

par Élizé de Montagnac. *Paris, L. Hachette,* 1868-1873 (*imprimerie de J. Claye*). 4 tomes en 2 vol. in-fol. papier vélin, vignettes sur bois, culs-de-lampe et gravures hors texte, demi-rel. avec coins chagr. brun, tr. supér. dor. n. rog.

160. THE CORONATION of His Majesty King George the fourth solemnized in the collegiate church of saint Peter Westminster upon the nineteenth day of july 1821; published by sir George Nayler, garter, principal king of arms. *London, G. Bohn,* 1837. In-fol. figures, demi-rel. avec coins, mar. rouge, dos orn. fil. tr. dor. (*Reliure anglaise.*)

Cet ouvrage représente les cérémonies du couronnement de Georgse IV, et les portraits en pied des personnes qui ont figuré dans cette pompe royale, le tout peint avec beaucoup de soin.

161. L'Empire ottoman illustré. — Constantinople ancienne et moderne, comprenant aussi les sept églises de l'Asie Mineure, illustrées d'après les dessins pris sur les lieux par Thomas Allom, précédées d'un essai historique sur Constantinople et de la description des monuments de Constantinople et des sept églises de l'Asie Mineure, par MM. L. Galibert et C. Pellé. *Paris et Londres, s. d.* 3 tomes en un vol. in-4, gravures anglaises, demi-rel. cuir de Russie, dos orné, fil. tr. supér. dor. n. rog.

162. Scenery Costumes and architecture, chiefly on the western side of India by captain Robert Melville Grindlay. *London, Smith, Elder,* 1830. Gr. in-4, papier vélin fort, planches gravées à l'aquatinta et coloriées, demi-rel. avec coins mar. rouge, dos orné, fil. tr. dor. (*Reliure anglaise.*)

163. Canova et ses ouvrages, ou Mémoires historiques sur la vie et les travaux de ce célèbre artiste, par M. Quatremère de Quincy. *Paris, Adr. Le Clère,* 1834. Gr. in-8, portraits, demi-rel. v. rose, tr. jasp.

164. LE PAUTRE. Ornements religieux, tabernacles, mausolées, vases, etc., 63 planches. — Nouveaux dessins de cheminées à l'italienne, 6 planches. — Ornements de chapiteaux, 32 planches. Recueil de 101 planches gravées réunies en un vol. pet. in-fol. v. br. fil. tr. dor. (*Kœhler.*)

Très-belles épreuves anciennes avec marges.

165. Les Œuvres d'architecture d'Antoine Le Pautre, architecte ordinaire du Roy. — Dessins de plusieurs palais,

plans, élévations en perspective géométrique, etc. *A Paris, chez Jombert, s. d.* In-fol. titre, frontispice et 58 planches gravées, montées sur onglets, demi-rel. v. bleu, tr. jasp.

166. Monuments des arts libéraux mécaniques et industriels de la France, depuis les Gaulois jusqu'au règne de François Ier. 45 planches contenant plus de 800 sujets, dessinés et gravés au trait, etc., précédées d'un texte, par M. Alex. Lenoir. *Paris, J. Techener,* 1840. Gr. in-fol. planches gravées, demi-rel. v. f. n. rog.

167. Le Moyen-Age et la Renaissance, histoire et description des mœurs et usages, du commerce et de l'industrie, des arts, des sciences, de la littérature et des beaux-arts en Europe (publiée sous la direction de M. Paul Lacroix et de M. Ferd. Séré). *Paris, typographie Plon fr.,* 1848-1851. 5 vol. in-4, papier vélin, figures noires et nombr. planches en chromolithographie, cuir de Russie, comp. à froid sur le dos et les plats et chiffres, tr. dor. (*Gruel.*)

Très-bel exemplaire.

168. Les Trésors de l'Art, par M. J.-G.-D. Armengaud. *Paris, typogr. Lahure,* 1859. 2 vol. in-4, figures gravées, demi-rel. chagr. rouge, plats recouvr. en percal. rouge, tr. dor.

Exemplaire sur beau papier vélin fort avec les gravures avant la lettre.

BELLES-LETTRES

POÉSIE.

169. Des Destinées de la Poésie, par A. de Lamartine. *Paris, Gosselin et Furne,* 1834. In-8 de 75 pages, demi-rel. v. f. tr. jasp.

170. Poetarum græcorum sylloge. Edidit Jo. Fr. Boissonade. *Parisiis, apud Lefebvre bibliopolam* (*typis Jul. Didot*),

1823-1826. 24 vol. in-16, papier vélin, mar. rouge, dos orné, dent. à froid et fil. or, tr. dor. (*Purgold.*)

Anacréon, 1 vol. — Theocritus, Bion, Moschus, 1 vol. — Poetæ græci gnomici, 1 vol. — Homerus, 4 vol. — Callimachus, Proclus, 1 vol. — Sophocles, 2 vol. — Hesiodus, 1 vol. — Æschylus, 2 vol. — Pindarus, 1 vol. — Lyrici græci, 1 vol. — Euripides, 5 vol. — Aristophanes, 4 vol.

171. Les dix premiers ‖ livres de l'Iliade d'Homère ‖ Prince des poètes : ‖ traduictz en vers françois, ‖ par M. Hugues Salel, de ‖ la chambre du Roy, ‖ et abbé de S. ‖ Chéron, auec privilège du Roy. *On les vend à Paris, au Palais, en la gallerie, près la chancellerie, en la boutique de Vincent Sertenas,* 1545. In-fol. gravure en bois en tête de chaque livre, mar. rouge, dos orné, fil. dent. int. tr. dor. (*A. Closs.*)

Jolies figures sur bois.

172. Petits poëmes grecs. — Lyriques grecs. — Comédies d'Aristophane. — Lucien. — Chefs-d'œuvre de Démosthène et d'Eschine. *Paris, A. Lefèvre et Charpentier,* 1841. Ens. 5 vol. in-12, demi-rel. v. f. tr. supér. dor. éb.

173. Publii Virgilii Maronis poetarum latinorum principis opera indubitata omnia ad doctiss. R. P. Jacobi Pontani. *Sedani, ex typographia Joan. Jannoni,* 1628. In-32, mar. vert, dos orné, fil. tr. dor. (*Reliure ancienne.*)

174. Publii Virgilii Maronis carmina omnia perpetuo commentario ad modum Johannis Bond explicuit Fr. Dübner. *Parisiis, ex typographia Firm. Didot,* 1858. In-12, texte encadré de filets rouges, vignettes en photographie, mar. vert foncé, fil. à froid, dent. int. tr. dor. (*Lortic.*)

175. Quincti Horatii Flacci opera omnia, cum nouis argumentis. *Sedani, ex typographia Joannis Jannoni,* 1627. In-32, mar. noir, jans. tr. dor.

176. Quinti Horatii Flacci opera omnia, recensuit Filon. *Parisiis, apud A. Sautelet,* 1828. In-64, mar. vert, fil. dent. int. tr. dor. (*Petit, s^r de Simier.*)

Jolie édition en caract. microscopiques.

177. Quinti Horatii Flacci opera cum novo commentario ad modum Joannis Bond. *Parisiis, ex typographia Firminorum Didot,* 1855. In-12, texte encadré de filets rouges, figures en photographies, mar. vert foncé, fil. à froid, dent. int. tr. dor. (*Niedrée.*)

178. Métamorphoses d'Ovide en rondeaux, imprimez et enrichis de figures (par Isaac Benserade). *A Amsterdam, chez Abraham Wolfgang (au Quærendo)*, 1679. Pet. in-8, frontispice et figures gravées à mi-pages, v. f. dos orné, fil. dent. int. tr. dor. (*Simier.*)

179. Métamorphoses d'Ovide en rondeaux imprimez et enrichis de figures. *A Paris, de l'Imprimerie royale*, 1697. Pet. in-4, figures à mi-pages, v. olive, fil. tr. dor. (*Kœhler.*)

Exemplaire en grand papier.

180. M. Val. Martialis epigrammaton libri, animadversi, emendati, et commentariolis luculenter explicati. *Sedani, typis Joannis Jannoni*, 1624. In-8, mar. rouge, fil. dent. int. tr. dor. (*Capé.*)

181. Fabliaux et contes des poëtes françois des XIe, XIIe, XIIIe, XIVe et XVe siècles, tirés des meilleurs auteurs, publiés par Barbazan, nouvelle édition, augmentée et revue sur les manuscrits de la Bibliothèque, par M. Méon. *A Paris, chez B. Warée, de l'imprimerie Crapelet*, 1808. 4 vol. in-8, fig. demi-rel. avec coins v. f. fil. (*Kœhler.*)

Bel exemplaire non rogné.

182. Fabliaux ou Contes, fables et romans du XIIe et du XIIIe siècle, traduits ou extraits par Legrand d'Aussy; troisième édition, considérablement augmentée (avec un avis de l'éditeur, signé Ant.-Aug. Renouard). *Paris, Jules Renouard*, 1829. 5 vol. in-8, fig. demi-rel. v. f. avec coins, dos orné, fil. tr. supér. dor. n. rog. (*Simier.*)

Exemplaire sur papier grand raisin d'Annonay, avec des gravures d'après Moreau et Desenne; épreuves en 3 états différents. Eaux-fortes, avant la lettre sur chine avec lettre sur blanc.

183. Fragment d'un poëme en vers romans sur Boëce, imprimé en entier pour la première fois d'après le manuscrit du XIe siècle qui se trouvait à l'abbaye de Fleury ou Saint-Benoît-sur-Loire, publié avec des notes et une traduction interlinéaire, par M. Raynouard. *Paris, de l'impr. de Firm. Didot*, 1817. In-8, de 47 pages, demi-rel. v. f. n. rog. (*Simier.*)

184. Le Roman du Renart, publié d'après les manuscrits de la Bibliothèque du Roi des XIIIe, XIVe et XVe siècles, par M.-D.-M. Méon. *Paris, Treuttel et Würtz*, 1826, 4 vol.

in-8, figures de Desenne, v. f. dos orné, fil. tr. dor. (*Kœhler.*)

185. Le Roman du Renard, traduit pour la première fois d'après un texte flamand du XIIe siècle, édité par J.-F. Willems, augmenté d'une analyse par Octave Delepierre. *Paris, Challamel et Techener, s. d.* In-8, v. fauve, dos orné, fil. dent. int. tr. dor. (*Kœhler.*)

186. Les Romans du Renard examinés, analysés et comparés d'après les textes manuscrits les plus anciens, précédés de renseignements généraux et accompagnés de notes et d'éclaircissements philologiques et littéraires, par M. A. Rothe. *Paris, J. Techener,* 1845. In-8, v. fauve, dos orné, fil. tr. dor. (*Kœhler.*)

187. Romans des douze pairs de France, publiés par M. Paulin Paris, G.-F. de Martonne, Edward le Glay, Francisque Michel. *Paris, Techener,* 1836 à 1848. 14 vol. in-8, v. fauve, dos orné, fil. tr. dor. (*E. Niedrée.*)

1. Li Romans de Berte aus grans piés. — 2. Li Romans de Garin le Loherain. 2 vol. — 3. Li Romans de Parise la Duchesse. — 4. Li Romans de Raoul de Cambrai et de Bernier. — 5. La Chanson des Saxons, par Jean Bodel. 2 vol. — 6. La Chevalerie Ogier de Danemarche. 2 vol. — 7. La Chronique de Rains. — 8. La Chanson d'Antioche. 2 vol. — 9. Lais inédits des XIIe et XIIIe siècles. — 10. Le Romancero français.

188. Partonopeus de Blois, publié pour la première fois d'après le manuscrit de la Bibliothèque de l'Arsenal, avec trois fac-similés, par G.-A. Crapelet, imprimeur. *Paris, Crapelet,* 1834. 2 vol. gr. in-8, demi-rel. avec coins mar. La Vall. tr. supér. dor. n. rog.

Exemplaire sur papier de Hollande, de la collection des *Anciens Monuments de l'histoire de la langue françoise.*

189. Poésies du duc Charles d'Orléans, publiées sur le manuscrit original par Champollion-Figeac. *Paris, J. Belin, Leprieur,* 1842. In-8, pap. vél. v. viol. dos orné, fil. tr. dor. (*Petit, s[r] de Simier.*)

190. Le Roman du Saint-Graal, publié pour la première fois d'après un manuscrit de la Bibliothèque royale, par Francisque Michel. *A Bordeaux, de l'imprimerie de Prosper Faye,* 1841. Pet. in-8, papier vergé, v. f. dos orné, fil. dent. int. tr. dor. (*Petit, s[r] de Simier.*)

191. Le Codicille et testament de maistre Jehan de Meun

avecque lepitaphe du feu roy Charles septiesme qui trespassa au dit Meun. (*A la fin du Testament:*) *Cy fine le Testament de maistre iehan de Meun et comence lepytaphe du Roy Charles septiesme.* (*Sans lieu ni date.*) Pet. in-4 goth. de 42 ff. non chiffrés, mar. la Vall. dos orné, comp. tr. dor. (*Bauzonnet-Purgold.*)

Édition des dernières années du xve siècle. A la fin de l'épitaphe qui termine le vol. se lisent 10 vers qui renferment par acrostiche les noms de *Simon Grebt* (ou Gréban).

192. Le Roman de la Rose, par Guill. de Lorris et Jehan de Meung : nouvelle édition, revue et corrigée sur les meilleurs et plus anciens manuscrits, par M. Méon. *Paris, de l'imprimerie de P. Didot aîné,* 1813, 4 vol. gr. in-8, fig. cart. n. rog.

Un des deux exemplaires tirés sur peau de vélin.

193. Ci est le dernier Romant que maistre Jehan de Meun fist puis qu'il ot fait les romans de la Rose et est appelés Pères et Fils et Saint-Esprit ou le Testament. Pet. in-4 de 88 pages sur papier vergé et formant 2 cahiers non reliés.

Copie manuscrite. Ce poëme a 2,196 vers.

194. Histoire de la croisade contre les hérétiques albigeois, écrite en vers provençaux, par un poète contemporain, trad. et publ. par Fauriel. *Paris, Impr. roy.*, 1837. In-4, mar. r. dent. tr. dor. (*Levavasseur.*)

195. Collection des anciens poëtes français, publiée par Coustelier. *Paris, Coustelier*, 1723-1724. 10 vol. pet. in-8, mar. vert foncé, fil. tr. dor.

1. Les Poésies de Guillaume Coquillart. — 2. La Farce de maistre Pierre Pathelin. — 3. Les Œuvres de François Villon. — 4. Les Poésies de Martial de Paris dit d'Auvergne. 2 vol. — 5. La Légende de maistre Pierre Faifeu. — 6. Les Poésies de Guillaume Crétin. — 7. Les Œuvres de Jean Marot. — 8. Les Œuvres de Racan. 2 vol.

196. Le Labirynth de fortune et se||iour des trois nobles dames cõpose par la||cteur des renars trauersans et loups rauis||sans surnome le trauerseur des voyes perilleuses... *Et sont à vendre à Paris en la rue saĩct Jacques deñat sainct Yves et à Poictiers devant le pallays au pellican par Enguilbert de Marnef et à l'imprimerie... par Jacques Bouchet.* In-4 goth. de 7 ff. prélim. et 1 feuillet blanc contenant au

verso une gravure en bois et 164 ff. n. chiffr. in-4, mar. rouge, fil. à froid, dent. int. tr.

Cette édition n'est point datée, mais on y trouve parmi les pièces prél. un privilège accordé à Marnef, daté du 6 novembre 1522. Le volume est terminé par une épître en vers de Bouchet *à Jehan Dauthon, abbé d'âgle et chroniqueur de Louis XII.*

Exemplaire un peu court en tête.

197. Sensuyt lepistre des enfans de Paris enuoiée aux enfans de Rouen avec rondeaulx et epistole. (A la fin:) *Ce fut faict le sixiesme iour de may et imprimé le v iour de iuillet lã mil ccccc xxx ii* (1532). Pet. in-8, goth. de 4 ff. en vers de 10 syllabes, demi-rel. avec coins mar. rouge. (*Kœhler.*)

Reproduction en fac-similé autographe par M. Peyre de la Grave.
Un des deux exemplaires sur PEAU DE VÉLIN.

198. Œuvres de Louise Labé Lyonnaise, édition publiée, par L. Boitel. *A Lyon et à Paris, chez Techener,* 1845. Pet. in-8, papier vélin, fort teinté, v. fauve, dos orné, fil. tr. dor. (*Kœhler.*)

Édition faite à petit nombre d'exemplaires.

199. Les Douze Heures du iour artificiel, de Ch. de Navières, G.-S. capitaine de la ieunesse de Sedan avec annotations à la fin, le tout très utile pour exercer la mémoire des jeunes gens et régler leur vie en piété et honnesteté de mœurs. *Achevé d'imprimer, ce 3 mars 1595, à Sedan, au Lys Royal, par Abel Rivery.* Pet. in-4 de 194 pages, mar. viol. fil. tr. dor. (*J. Moreau.*)

Recueil de quatrains et d'hymnes avec de savantes notes.

200. Les Œuvres de Philippes Des Portes, abbé de Thiron, reueues et corrigées. *A Rouen, de l'imprimerie de Raphaël du Petit-Val,* 1611. In-12, mar. bleu, fil. à froid, dent. int. tr. dor. (*Duru.*)

Édition peu commune, elle contient un joli titre gravé de L. Gaultier. Elle a été donné par Thibault-Desportes, sieur de Beuillers, au nom duquel le privilège est expédié.

201. Poésies de Malherbe, suivies d'un choix de ses lettres, édition nouvelle avec des variantes et des notes. *A Paris, chez Janet et Cotelle,* 1824. In-8, papier vélin, portrait, demi-rel. v. vert, dos orné, tr. jasp. (*Lebrun.*)

202. La Pucelle, ou la France délivrée, poème héroïque, par M. Chapelain. *A Paris, chez Aug. Courbé,* 1656. Gr. in-fol.

figures, mar. rouge, dos orné, comp. dorés sur les plats, tr. dor.

Belle édition ornée des planches gravées par A. Bosse, du portrait de Chapelain et de celui du duc de Longueville par Nanteuil.

On y a joint un billet autographe de l'auteur, daté de 1666.

203. Œuvres diverses du sieur D*** avec le Traité du Sublime ou du Merveilleux dans le discours, traduit du grec de Longin. *A Paris, chez Denys Thierry*, 1675. In-12, frontispice et figures, demi-rel. v. f. tr. jasp. (*Simier.*)

204. Œuvres de Boileau avec un nouveau commentaire, par M. Amar. *Paris, Lefèvre* (*de l'imprimerie de P. Didot l'aîné*), 1821. 4 vol. gr. in-8, portrait et figures, v. bleu, dos orné, comp. à froid et or sur les plats, tr. dor. (*Ginain.*)

Exemplaire sur grand papier vélin, figures avant la lettre.

205. Madrigaux de M. D. L. S. (de la Sablière). *A Paris, chez Claude Barbin*, 1680. In-12, v. f. dos orné, fil. tr. dor. (*Kœhler.*)

Édition originale.

206. La Pucelle d'Orléans (par Voltaire). *S. l.* (*Kehl*), 1786. 2 vol. in-8, portrait de Voltaire à chaque vol. mar. bl. fil. tr. dor. (*Bozérian.*)

Exemplaire sur peau vélin.

207. Œuvres de Gresset, avec le Parrain magnifique. *A Paris, chez Ant.-Aug. Renouard* (*de l'imprimerie de P. Didot l'aîné*), 1811. 2 vol. in-8, portrait et figures, demi-rel. mar. vert, dos orné. (*Thouvenin.*)

Exemplaire sur papier vélin, non rogné. Portrait de l'auteur par Saint-Aubin (avec la lettre) et les figures de Moreau le jeune avant la lettre.

208. Les Bienfaits du sommeil, ou les Quatre Rêves accomplis (en vers). *A Paris, chez Brunet* (*de l'imprimerie de Fr.-Ambr. Didot*), 1776. In-18 de 16 pages, mar. vert, fil. doublé de tabis rose avec dent. tr. dor. (*Bradel.*)

Joli volume orné en tête d'un portrait de Louis XVI (ajouté), un titre et 4 figures par Moreau gravées par M. de Launay.

La 4e figure est en double épreuve à l'état d'*eau-forte*.

209. Œuvres de Bertin, avec les passages imités des poëtes latins. *Paris, impr. de J. Didot aîné*, 1823. 2 tomes en un vol. in-16, portrait, v. bleu, fil. tr. dor.

210. Napoléon en Égypte, Waterloo et le Fils de l'Homme,

par Barthélemy et Méry, précédés d'une notice littéraire par M. Tissot, édition illustrée par Horace Vernet et H. Bellangé. *Paris, Ern. Bourdin, s. d.* Gr. in-8, demi-rel. avec coins mar. bleu, dos orné, fil. tr. supér. dor. n. rog. (*Petit, s[r] de Simier.*)

Très-bel exemplaire sur PAPIER DE CHINE. Les gravures sont AVANT LA LETTRE.

211. Poésies politiques de Jullien de Paris. *Paris, Sédillot*, 1831. In-8, demi-rel. v. violet.

Exemplaire avec envoi autogr. de l'auteur à Aimé-Martin.

212. L'Enfer, le Purgatoire et le Paradis de Dante Alighieri, traduit en français (texte en regard), par M. le chevalier Artaud. *Paris, de l'impr. de A. Firm. Didot*, 1830. 9 tom. en 3 vol. in-16, chagr. vert, dent. int. tr. dor.

Exemplaire sur PAPIER CHAMOIS.
Le titre du Ier volume de l'*Enfer* manque.

213. L'ENFER DE DANTE ALIGHIERI, avec les dessins de Gustave Doré, traduction française de Pier Angelo Fiorentino, accompagnée du texte italien. *Paris, L. Hachette*, 1861. In-fol. papier vélin, figures, mar. rouge, dos orné, fil. dent. int. tr. dor. (*David.*)

Les figures sont AVANT LA LETTRE; la lettre est sur papier de soie.

214. Il Petrarca. *Venetia, nelle case de' figliuoli d'Aldo*, 1546. In-8 de 176 ff. chiffrés et 18 non chiffrés, mar. rouge, dos orné, fil. dent. int. tr. dor. (*Duru.*)

Cinquième et dernière édition de Pétrarque imprimée par les Aldes. Sur le titre on a écrit : *Varsovie*. 1812. *De la bibliothèque du roi Stanislas Poniatowski.*

15. Orlando Furioso di M. Lodouico Ariosto, tutto ricorretto, et dic nuoue figure adornato aggiuntovi per ciascun canto alcune bellissime allegorie. *In Venetia*, 1574, *appresso Pietro Dehuchino*. In-24, vignettes gravées en bois, mar. bleu foncé, dent. int. tr. dor. (*Lortic.*)

Court en tête.

FABLES ET CHANSONS.

216. FABLES CHOISIES, mises en vers par J. de la Fontaine (publiées avec la vie de l'auteur, par M. de Montenault).

Paris, Desaint et Saillant, 1755-1759. 4 vol. in-fol. figures d'Oudry, mar. rouge, dos orné, fil. tr. dor. (*Reliure ancienne.*)

Bel exemplaire en GRAND PAPIER DE HOLLANDE. Belles épreuves de premier tirage.

217. Fables de J. de la Fontaine, édition miniature. *Paris, fonderie Laurent et Deberny,* 1850 (*impr. Plon frères*). In-64, mar. bleu foncé, dos orné, fil. et comp. sur les plats, doublé de mar. rouge, tr. dor. (*Petit, success. de Simier.*)

218. FABLES CHOISIES, mises en vers par J. de la Fontaine; nouvelle édition, gravée en taille-douce, les figures par le sieur Fessard, le texte par le sieur Montulay, dédiée aux enfans de France. *Paris, chez l'auteur-graveur,* 1765-1775. 6 vol. in-8, frontispices, texte, figures, vignettes et culs-de-lampe gravés, v. éc. fil. tr. dor.

219. Fables inédites des XIIe, XIIIe et XIVe siècles, et Fables de la Fontaine rapprochées de celles de tous les auteurs qui avoient, avant lui, traité les mêmes sujets; précédées d'une notice sur les fabulistes par A.-C.-M. Robert. *Paris, Et. Cabin,* 1825. 2 vol. in-8, portrait, 90 gravures en taille-douce et 4 fac-simile, demi-rel. v. f. n. rog.

220. Essai de fables nouvelles dédiées au Roi, suivi de poésies diverses et d'une épître sur les progrès de l'imprimerie, par Didot fils aîné. *A Paris, chez Didot l'aîné,* 1786. In-12, cart. n. rog.

Exemplaire sur PEAU DE VÉLIN.

221. FABLES et Contes mis en vers (par Mérard de Saint-Just). *S. l. n. d.* (*A Paris, chez Pyre, l'an second de la République*), (1794). 1 tome en 2 vol. in-8, demi-rel. v. rouge, n. rog.

Exemplaire sur PEAU DE VÉLIN.

222. Chansons complètes et Poésies diverses de Désaugiers; nouvelle édition, revue, augmentée et précédée d'une notice sur l'auteur et son œuvre par Alfred de Bougy. *Paris, Ad. Delahays,* 1858. In-32, mar. vert, comp. dent. int. tr. dor. (*Capé.*)

Exemplaire sur papier vergé rose.

223. Œuvres complètes de P.-J. de Béranger; nouvelle

édition, revue par l'auteur, illustrée de cinquante-deux belles gravures sur acier, entièrement inédites, d'après les dessins de MM. Charlet, A. de Lemud, Johannot, Daubigny, Pauquet, Raffet, etc. *Paris, Perrotin,* 1847. 2 vol. in-8, portrait et figures, mar. viol. fil. dent. int. tr. supér. dor. non rogn. (*Petit, success. de Simier.*)

THÉATRE.

224. Cours de littérature dramatique, ou Recueil par ordre de matières des feuilletons de Geoffroy, précédé d'une notice historique sur sa vie et ses ouvrages. *Paris, Pierre Blanchard,* 1825. 6 vol. in-8, demi-rel. avec coins, v. f. fil. n. rog. (*Koehler.*)

225. Répertoire du théâtre français, réunissant les pièces du 1er et du 2e ordre; première série. *Paris, impr. de Jules Didot,* 1824. 28 vol. — Deuxième série. *Paris, impr. de Jules Didot aîné,* 1824. 40 vol. Ens. 68 vol. in-12, papier vélin, v. olive, dos orné, dent. à froid, fil. or, tr. marbr.

Il manque les tomes IV et V de la 1re série.

226. ŒUVRES DE P. CORNEILLE, avec les commentaires de Voltaire. *A Paris, chez Aug.-Ant. Renouard (de l'imprimerie de Crapelet),* 1817. 12 vol. in-8, portraits et figures, demi-rel. v. rouge (*Thouvenin.*)

Bel exemplaire non rogné sur GRAND PAPIER VÉLIN avec les figures de Moreau le jeune, AVANT LA LETTRE.

227. Œuvres complètes de J. Racine, avec les notes de tous les commentateurs, cinquième édition, publiée par L. Aimé-Martin, avec des additions nouvelles. *A Paris, Lefebvre et Furne,* 1844. 6 vol. in-8, portraits et figures par Desenne, Girodet, Gérard, demi-rel. chagr. rouge, fil. tr. jasp.

228. ŒUVRES de J.-B. Poquelin de Molière, édition stéréotype. *A Paris, de l'imprimerie de P. Didot aîné, an VII,* 8 vol. in-12, cart. n. rog. (*dans des étuis*).

Exemplaire sur PEAU DE VÉLIN, provenant des doubles de la bibliothèque du duc d'Aumale.

229. ŒUVRES COMPLÈTES DE MOLIÈRE, avec les notes de tous les commentateurs, édition publiée par L. Aimé-Martin.

Paris, Lefebvre (*impr. de Jules Didot aîné*), 1824-1826. 8 vol. in-8, portraits et figures, demi-rel. v. f. (*Kleinhans.*)

Bel exemplaire en papier CAVALIER VÉLIN NON ROGNÉ, avec la suite des gravures de Desenne en deux états, EAUX-FORTES et AVANT LA LETTRE sur chine.

En tête du tome Ier, on a ajouté trois portraits de Molière, entre autres celui gravé par Lignon, d'après Fragonard, épreuve sur chine avant la lettre, le nom des artistes à la pointe.

230. Œuvres de J.-F. Regnard. *De l'imprimerie et de la fonderie de Pierre Didot l'aîné, Paris,* 1819. 4 vol. in-8, papier vélin, 2 portraits de l'auteur et figures de Moreau le jeune, demi-rel. v. f. tr. marbr. (*Bauzonnet-Trautz.*)

De la *Collection des meilleurs ouvrages de la langue française.*

231. Charles IX, ou l'École des Rois, tragédie par Marie-Joseph Chénier. *De l'imprimerie de Didot jeune, Paris,* 1790. — La Critique de la tragédie de Charles IX, comédie. *Paris,* 1790. — 2 part. en 1 vol. in-8, mar. r. fil. tr. dor. (*Niedrée.*)

L'exemplaire de la dernière pièce est couvert de corrections et morceaux ajoutés de la main de Palissot.

232. Œuvres de J.-F. Ducis. *Paris, A. Nepveu,* 1826. 4 vol. in-8, portraits et figures de Desenne, v. olive, fil. tr. marbr.

233. Agnès de Méranie, tragédie en cinq actes et en vers, par F. Ponsard. *Paris, Furne,* 1847. In-8, papier vélin, cart.

Première édition.

234. Théâtre de Goethe, traduction nouvelle, revue, corrigée et augmentée de notices et d'une préface, par M. X. Marmier. *Paris, Charpentier,* 1839. In-12, v. f. dos orné, fil. tr. dor. (*Kœhler.*)

ROMANS.

235. LES AMOURS pastorales de Daphnis et Chloé (par Longus, trad. par Amyot), 1718. Pet. in-8, mar. violet, tr. dor. (*Rel. mod.*)

Exemplaire dont le titre gravé et les figures d'après le Régent sont remontés.

236. Les quatre fils Aymon : Duc de Dordonne : c'est à sça-

uoir Reynaut, Alard, Guichard et Richard, avec leur cousin Maugist. *Paris, par Nicolas Bonfons, s. d.* In-4, texte à 2 col. figures en bois, mar. cit. tr. dor. (*Thompson.*)

Exemplaire d'AUDENET.

237. L'HISTOIRE PALLADIENNE, traitant des gestes et généreux faitz d'armes et d'amours de plusieurs grands princes et seigneurs, spécialement de Palladien, filz du roy Milanor d'Angleterre, et de la belle Sélerine, sœur du roy de Portugal : nouuellement mise en nostre vulgaire françoys, par feu C.-L. Colet, Champenois, avec privilége du Roy. *A Paris, pour François Sertenas, libraire, tenant sa boutique au Palays, en la gallerie par où l'on va à la Chancelerie,* 1555. In-fol. de 8 ff. prélim. et 134 ff. chiffr. mar. rouge, dos orné, fil. tr. dor. (*Kœhler.*)

Livre rare. On trouve dans les pièces liminaires de ce volume un *avis d'Estienne Jodelle, l'éditeur et ami de Colet, mort depuis deux ans, au lecteur,* et aussi des vers français du même Jodelle aux cendres de Colet, ainsi que *Coletii manes,* vers latins, du même poète. Cet exemplaire porte sur le titre et à la fin la signature de Guyon de Sardière.

238. Les Cent Nouvelles nouvelles. Suivent les cent nouvelles contenant les cent histoires nouveaux..... *A Cologne, chez Pierre Gaillard,* 1701. 2 pet. vol. in-8, figures d'après Romain de Hooge, v. f. dos orné, fil. tr. dor. (*Lebrun.*)

Les vignettes sont tirées à part, et hors texte.

239. Les Œuvres de M. François Rabelais, docteur en médecine, augmentées de la vie de l'auteur et de quelques remarques sur sa vie et sur l'histoire, avec l'explication de tous les mots difficiles et la clef nouvellement augmentée. *S. l.* (*à la Sphère*), 1691. 2 tomes en un vol. in-12, mar. noir, tr. dor.

Cet exemplaire est relié dans le genre des livres de piété, la reliure est janséniste avec fermoirs dorés, le titre du dos porte *Liber.*

240. ŒUVRES DE MAITRE FRANÇOIS RABELAIS, avec des remarques historiques et critiques de M. Le Duchat, nouvelle édition, ornée de figures de B. Picart. *A Amsterdam, chez Jean-Frédéric Bernard,* 1741. 3 vol. in-4, portraits, titre et figures, mar. vert, dent. int. tr. supér. dor. (*Petit, s^r de Simier.*)

Très-bel exemplaire, NON ROGNÉ.

241. Les Facétieuses Nuicts du seigneur Straparole. *S. l.,*

1726. 2 vol. in-12, mar. rouge, dos orné, fil. dent. int. tr. dor. (*Capé.*)

Joli exemplaire.

242. Les Aventures de M. d'Assoucy. *A Paris, chez Claude Audinet*, 1677. 2 vol. in-12, portrait de l'auteur, mar. rouge, fil. à froid, dent. int. tr. dor. (*Duru.*)

Livre curieux, écrit en vers et en prose.

243. Mémoires du comte de Grammont, par le C. Antoine Hamilton, ornés de 72 (78) portraits, gravés d'après les tableaux originaux. *A Londres, chez Edwards, s. d.* (1792). In-4, portraits par Harding, mar. rouge, dent. tr. dor. (*Reliure anglaise.*)

Exemplaire en grand papier, avec sa partie de 77 pages (*Notes et éclaircissements*).

244. Œuvres complètes de Mmes de la Fayette et de Tencin, nouvelle édition, revue, corrigée, précédée de notices historiques et littéraires. *De l'imprimerie de Fain, à Paris, chez Colnet, an XII*, 1804. 5 vol. in-8, 2 portraits, mar bleu, dos orné, comp. sur les plats, doublé de moire cerise, tr. dor. (*Lefebvre.*)

Exemplaire sur papier vélin.

245. La Princesse de Montpensier, par Mme de la Fayette. *Paris, chez Ant.-Aug. Renouard*, 1804. In-12, portrait, demi-rel. avec coins, mar. viol. dos orné, fil. non rogné. (*Bauzonnet.*)

Exemplaire sur peau de vélin.

246. Les Avantures de Télémaque fils d'Ulysse, par feu messire François de Salignac de la Motte-Fénelon, avec des remarques pour l'éclaircissement de cet ouvrage (par Du Bourdieu). *A Londres, chez J. Brotherton*, 1732. 1 tome en 2 vol. in-12, frontispice et figures gravées, mar. vert, dos orné, comp. doublé de tabis rose, tr. dor. (*Vogel.*)

247. Les Aventures de Télémaque fils d'Ulysse, par feu messire François de Salignac de la Motte-Fénelon. *Paris, Ch.-Nicolas Poirion*, 1740. 2 vol. in-12, frontispice et figures de Fillœul, mar. rouge, dos orné, fil. tr. dor. (*Reliure ancienne.*)

Exemplaire aux armes de Mesdames de France, filles de Louis XV.

248. Les Aventures de Télémaque fils d'Ulysse, par Fénelon.

Paris, Ant.-Aug. Renouard, an XI (1802). 2 vol. in-12, figures, demi-rel. avec coins, mar. rouge. (*Bauzonnet.*)

Exemplaire sur PEAU DE VÉLIN, avec la suite des figures de Le Febvre en deux états, *avant* et avec lettre, sur papier.

249. LES AVENTURES DE TÉLÉMAQUE, suivies des Aventures d'Aristonoüs, précédées d'un essai sur la vie et les ouvrages de Fénelon, par Jules Janin. Édition illustrée MM. Tony Johannot, Em. Signol, G. Seguin, G. Waltier, Markl, Daubigny, Français et Marville. *Paris, Ern. Bourdin, s. d.* Gr. in-8, portrait de l'auteur, figures int. dans le texte et hors texte. Jolie demi-rel. avec coins mar. rose, dos orné, fil. tr. supér. dor. n. rog. (*Petit, s^r de Simier.*)

Très-bel exemplaire sur PAPIER DE CHINE, gravures AVANT LA LETTRE.

250. LE DIABLE BOITEUX, par Lesage, illustré par Tony Johannot, précédé d'une notice sur Lesage par M. Jules Janin. *Paris, Ern. Bourdin,* 1842. Gr. in-8, nombr. gravures int. dans le texte, jolie demi-rel. avec coins. mar. bleu, dos orné, fil. tr. supér. dor. n. rog. (*Petit, s^r de Simier.*)

Exemplaire sur PAPIER DE CHINE.

251. ROMANS HISTORIQUES, XVe et XVIe siècle. *A Paris, de l'imprimerie de Didot l'aîné,* 1782-1792. Ens. 15 vol. in-12, papier vélin, mar. rouge, dos orné, dent. sur les plats, doublé de tabis vert, tr. dor. (*Lefebvre.*)

1. Histoire secrète de Bourgogne, par Mlle de la Force, 3 vol. — 2. Histoire de Marguerite de Valois, reine de Navarre (par la même), 6 vol. — 3. Les Amours du Grand Alcandre, par Mlle de Guise, suivis de pièces intéressantes pour servir à l'histoire de Henri IV, 2 vol. — 4. Bianca Capello, roman dramatique, imité de l'allemand, par M. Ranquil-Lieutaud, 2 vol. — 5. Le Prince de Condé, roman historique, par Boursault, 2 vol.
Exemplaire de *Pixerécourt.*

252. Le Czarewitz Chlore, conte moral de main impériale et de maîtresse (par Catherine II, impératrice de Russie, revu et publié par Formey). *A Berlin et Lausanne,* 1782. In-8 de 42 pages, mar. la Vall. fil, tr. dor. (*Lardière.*)

Ouvrage peu commun en France.

253. PAUL ET VIRGINIE, par Jacques-Bernardin-Henri de Saint-Pierre. *A Paris, de l'imprimerie de Monsieur (Fr. Didot jeune),* 1789. In-18, figures de Moreau le jeune, mar. rouge, dos orné, dent. mosaïqué de mar. vert sur les plats,

doublé de moire vert d'eau avec dent. tr. dor. Étui de mar. vert.

Exemplaire imprimé sur PEAU DE VÉLIN. Les quatre jolies figures de Moreau, tirées aussi sur vélin, sont gouachées. Jolie reliure de Bozérian.

254. Carite et Polydore, par J.-J. Barthélemy. *Lausanne et Paris,* 1796. Pet. in-8, papier vergé, demi-rel. v. f. non rogné.

255. ZÉLOMIR, par Morel (Vindé). *De l'imprimerie de P. Didot l'aîné, à Paris, chez Bleuet jeune,* 1801. In-16, figures, demi-rel. v. rose.

Bel exemplaire en PAPIER VÉLIN FORT NON ROGNÉ NI COUPÉ, avec les figures de Lefebvre AVANT LA LETTRE,

256. Œuvres de Xavier de Maistre. *Paris, Dauthereau,* 1828. 4 vol. in-32, v. bleu, dos orné, dent. à froid, fil. tr. dor. (*Bauzonnet-Purgold.*)

Voyage autour de ma chambre ; les Prisonniers du Caucase, suivis du Lépreux de la cité d'Aoste ; Expédition nocturne autour de ma chambre ; la Jeune Sibérienne.

257. Voyage autour de ma chambre, par M. Xavier de Maistre. *A Paris, chez Ant.-Aug. Renouard* (*de l'imprimerie de Crapelet*), 1814. In-12, mar. rouge, fil. à froid, dent. int. tr. dor. (*Bauzonnet.*)

Exemplaire sur PEAU DE VÉLIN.

258. Le Comte de Valmont, ou les Égaremens de la raison, douzième édition, revue et corrigée par l'auteur, ornée de gravures. *Paris, Bossange, Masson et Besson,* 1807. 6 vol. in-8, papier vélin, figures de Moreau, v. f. dent. à froid, fil. noirs, tr. dor. (*Vogel.*)

Bel exemplaire, les figures sont AVANT LA LETTRE (la lettre est sur papier de soie).

259. Les Martyrs, ou le Triomphe de la Religion chrétienne, par F.-A. de Chateaubriand. *Paris, Lenormant,* 1809. 2 vol. in-8, demi-rel. bas. n. rog.

260. Alexis, par Mme Wyttenbach, née G... *A Paris, chez Ant.-Aug. Renouard,* 1823. In-12, v. bleu, dos orné, fil. tr. dor. (*Héring.*)

261. L'ANE MORT, par Jules Janin, édition illustrée par Tony Johannot. *Paris, Ern. Bourdin,* 1842. Gr. in-8, portrait de l'auteur, figures int. dans le texte et hors texte, demi-

rel. avec coins mar. viol. dos orné, fil. tr. supér. dor. n. rog. (*Petit, s[r] de Simier.*)

Joli exemplaire sur PAPIER DE CHINE; figures AVANT LA LETTRE.

262\. Mes douze premières années. *Paris, impr. de Gaultier-Laguionie,* 1831. In-12, papier vélin fort, mar. rouge, dos orné, fil. tr. dor. (*Müller.*)

263\. Histoire de la sœur Inès. *Paris, impr. de P. Dupont et Laguionie,* 1832. In-12, papier vélin fort, mar. rouge, fil. tr. dor.

Épisode tiré de l'ouvrage intitulé : *Mes douze premières années.*

264\. LE DÉCAMÉRON de Jean Boccace (trad. par Ant. Le Maçon.) *Londres* (*Paris*), 1757. 5 vol. in-8, titre, figures et vignettes de Gravelot, mar. vert, dos orné, dent. tr. dor. (*Bozérian jeune.*)

265\. Histoire mémorable et délectable à lire à toutes personnes, en laquelle est contenu la patience de Gryselydis, femme du marquis de Saluces ; ensemble l'obéissance que doivent avoir les femmes enuers leurs mariz, le tout reueu et corrigé de nouueau outre les précédentes impressions. *A Paris, pour Noël le Coq et François Taber, libraires.* Pet. in-8, titre et 14 feuillets non chiffrés, mar. la Vall. tr. dor. (*Thouvenin.*)

Exemplaire d'AUDENET.

266\. HISTOIRE de l'admirable Don Quichotte de la Manche, traduite de l'espagnol, de Michel de Cervantes, nouvelle édition, revue, corrigée et augmentée. *A Paris, chez Piget,* 1741. 6 vol. in-12, figures par Folkema, Fokke, Tanjé, etc., mar. citr. dos orné, fil. tr. dor. (*Reliure ancienne.*)

Bel exemplaire portant sur les plats de la reliure les armoiries du marquis de Coislin. Il provient en second lieu de Ch. Nodier, dont chaque volume porte l'*ex libris*.

267\. LES PRINCIPALES AVANTURES de l'admirable Don Quichotte, représentées en figures par Coypel, Picart le Romain et autres habiles maîtres, avec les explications des XXXI planches de cette magnifique collection, tirées de l'original espagnol de Miguel de Cervantes. *A la Haie, chés Pierre de Hondt,* 1746. In-4, figures, mar. bleu, dos orné, fil. tr. dor. (*Reliure ancienne.*)

Bel exemplaire d'un livre recherché pour les gravures qu'il contient.

268. Les Souffrances du jeune Werther, par Goëthe, traduction nouvelle, ornée de trois gravures en taille-douce. *A Paris, de l'imprimerie de P. Didot l'aîné,* 1809. In-8, papier vélin, figures de Moreau le jeune, mar. rouge, dos orné, dent. sur les plats, doublé de tabis bleu, tr. dor. (*Bozérian jeune.*)

Joli exemplaire avec les figures de Moreau en deux états, les EAUX-FORTES et les AVANT LA LETTRE.

269. Zuléima, par Caroline Pichler, imité de l'allemand par H. de C. (Châteaugiron). *Paris, imprimerie de Firm. Didot,* 1825. In-16 de 57 pages, tiré gr. in-8, papier vélin teinté, mar. rouge, fil. à froid, non rogné. (*Ginain.*)

Tiré à 30 exemplaires sur ce papier. On a joint une lettre aut. sign. du marquis de Châteaugiron.

CRITIQUE, ÉPISTOLAIRES, POLYGRAPHES.

270. Auli Gellii Noctes Atticæ, editio nova et prioribus omnibus docti hominis cura multo castigatior. *Amstelodami, apud Ludovicum Elzevirium,* 1651. In-12, titre gravé, mar. bleu, fil. tr. dor. (*Müller.*)

271. Gabrielis Naudæi Quæstiones tres iatrophilologicæ. *Romæ,* 1632, *Patavii et Cæsenæ,* 1634. In-8, v. f. (*Anc. rel.*)

Exemplaire du président Hénault, avec un *ex libris* de sa main. Le relieur a placé la première partie à la suite des deux autres. Les questions traitées dans ces deux opuscules sont les suivantes :
1° Si l'homme a beaucoup à craindre des poisons;
2° Si la vie des hommes est plus courte qu'autrefois;
3° Si les études du matin sont plus salutaires que celles du soir.

272. Amusements philologiques, ou Variétés en tous genres, par Gabr. Peignot. *Dijon, V. Lagier,* 1842. In-8, v. f. dos orné, fil. tr. dor. (*Petit, s^r de Simier.*)

273. Le Livre des Singularités, par Gabr. Peignot. *Dijon et Paris,* 1841. In-8, v. f. dos orné, fil. dent. int. tr. dor. (*Petit, s^r de Simier.*)

274. Predicatoriana, ou Révélations singulières et amusantes sur les prédicateurs, par Gabr. Peignot. *Dijon et Paris,* 1841. In-8, v. fauve, dos orné, fil. tr. dor. (*Simier.*)

Bel exemplaire auquel on a ajouté une lettre autographe signée de l'auteur, adressée à M. Solvet, libraire à Paris.

275. Choix de Testamens anciens et modernes, remarquables par leur importance, leur singularité ou leur bizarrerie, avec des détails historiques et des notes, par G. Peignot. *Paris et Dijon,* 1829. 2 vol. in-8, demi-rel. v. f. non rogné. (*Simier.*)

Très-bel exemplaire.

276. Les Études littéraires et poétiques d'un vieillard, ou Recueil de divers écrits en vers et en prose, par le comte de Boissy d'Anglas. *A Paris, chez Érasme Kleffer,* 1825. 6 vol. in-12, portrait, demi-rel. v. f. tr. marbr.

---

277. Lettres choisies du sieur de Balzac. *A Amsterdam, chez les Elzeviers,* 1656. In-12, titre gravé, mar. rouge, fil. tr. dor. (*Reliure ancienne.*)

278. Lettres de Mme de Sévigné, de sa famille et de ses amis, précédées d'une nouvelle notice biographique sur Mme de Sévigné et accompagnées de notes géographiques, historiques, etc., par M. Gault de Saint-Germain. *Paris, Dalibon,* 1823. 12 vol. in-8, portraits dessinés par Devéria, demi-rel. avec coins cuir de Russie, fil. à froid, tr. supér. n. rog.

Portraits AVANT LA LETTRE.

279. LETTRES PORTUGAISES (attribuées à Marianne Alcaforada, religieuse de Béja), nouvelle édition, avec les imitations en vers par Dorat. *Paris, de l'imprimerie de Delance,* 1796. 2 vol. in-12, mar. rouge, dos orn. fil. à comp. doublé de tabis bleu, avec dent. tr. dor. (*Bradel.*)

Exemplaire sur PEAU DE VÉLIN, gravure ajoutée en tête du tome Ier.

---

280. ŒUVRES DU SEIGNEUR DE BRANTOME, nouvelle édition, considérablement augmentée et accompagnée de remarques historiques et critiques (par Le Duchat, Lancelot et Prosp. Marchand). *A la Haye, aux dépens du libraire,* 1740. 15 vol. pet. in-12, frontispices gravés, mar. bleu, dos orn. fil. dent. int. tr. dor. (*H. Duru.*)

281. Œuvres de Blaise Pascal. *Paris, Lefebvre* (*de l'imprimerie de Crapelet*), 1819. 5 vol. in-8, v. dent. tr. marbr.

282. Œuvres de M. Scarron. Nouvelle édition, revue, cor-

rigée et augmentée de l'Histoire de sa vie et de ses ouvrages, d'un discours sur le style burlesque, etc. *A Amsterdam, chez J. Wetstein*, 1752. 7 vol. pet. in-12, figures de Du Bourg, v. fauve, dos orné, fil. tr. dor. (*Simier*.)

283. Œuvres de la Fontaine, nouvelle édition, revue, mise en ordre et accompagnée de notes par C.-A. Walckenaer. *Paris, Lefèvre* (*de l'imprimerie de P. Didot l'aîné*), 1822. 6 vol. in-8, portrait de l'auteur et figures de Moreau le jeune, v. olive, dos orné, comp. à froid, fil. noirs. (*Thouvenin.*)

284. Œuvres de P.-E. Lemontey, de l'Académie française, édition revue et préparée par l'auteur. *Paris, A. Sautelet*, 1829. 2 vol. in-8, demi-rel. v. f. fil. tr. jasp.

285. Œuvres complètes de C.-F. Volney, membre de l'Académie française, mises en ordre et précédées de la vie de l'auteur (par Adolphe Bossange). *Paris, Bossange fr.* 1821. 8 vol. in-8, portrait et cartes, demi-rel. v. brun, tr. jasp.

286. Œuvres badines et morales, historiques et philosophiques, de Jacques Cazotte; première édition complète, ornée de figures. *A Paris, chez Jean-François Bastien*, 1817. 4 vol. in-8, figures, demi-rel. avec coins, mar. rouge, dos orné, tr. supér. jasp. n. rog,

287. Œuvres de Florian. *Paris, Ant.-Aug. Renouard*, 1820. 16 vol. gr. in-12, figures, v. f. fil. tr. supér. dor. n. rog. (*Niedrée.*)

Bel exemplaire en papier vélin, avec les figures de Desenne en deux états. Eaux-fortes et avant lettre chine.

288. Œuvres complètes de P.-L. Courier, nouvelle édition, augmentée d'un grand nombre de morceaux inédits, précédée d'un essai sur la vie et les écrits de l'auteur, par Armand Carrel. *Paris, Paulin et Perrotin*, 1834. 4 vol. in-8, portrait, demi-rel. v. f. tr. jasp.

289. Œuvres complètes d'Alfred de Musset, avec lettres inédites, variantes, notes, index, fac-simile, notice biographique, par son frère; édition dédiée aux amis du poète, ornée de 28 dessins de M. Bida et d'un portrait d'Alfred de Musset, d'après l'original de M. Landelle, gravés sur acier, sous la direction de M. Henriquel Dupont, par les

premiers artistes. *Paris, Charpentier* (*imprimerie J. Claye*). 1866. 10 vol. in-4, jolie demi-rel. avec coins de mar. orange, dos orné et mosaïqué, fil. tr. supér. dor. n. rog. (*David.*)

Très-bel exemplaire sur GRAND PAPIER DE HOLLANDE, avec les figures de Bida sur chine et AVANT LA LETTRE.

290. Œuvres complètes de lord Byron, traduction de Benjamin Laroche, précédées de l'Histoire de la vie et des ouvrages de lord Byron, par John Galt. *Paris, Charpentier*, 1836-1837. 4 vol. gr. in-8, papier vélin, nombr. portraits gravés par différents artistes anglais, v. rose, dos orné, fil. ornements à froid sur les plats, tr. dor.

291. Œuvres choisies de Campanella, précédées d'une notice par Mme Louise Colet. *Paris, Lavigne*, 1844. In-12, demi-rel. v. f. tr. supér. dor. éb.

---

292. Scriptores Latini principes, recensuit et edidit Joh. Aug. Amar. *Parisiis, apud Lefevre bibliopolam* (*excudebat P. Didot, natu major*), 1821-1822. 44 vol. in-16, v. viol. dos orné, fil. tr. marbr.

Catullus, Tibullus, 1 vol. — M. T. Cicero, 18 vol. — A. Florus, 1 vol. — Juvenalis, Persius, 1 vol. — Lucanus, 2 vol. — Lucretius, 1 vol. — C. Nepos, 1 vol. — Ovidius, 5 vol. — Phædrus, 1 vol. — C. Plinius, 2 vol. — Propertius, Gallus, 1 vol. — Sallustius, 1 vol. — Terentius, 2 vol. — Tacitus, 5 vol. — Virgilius, 2 vol.

293. COLLECTION des meilleurs ouvrages de la langue françoise, dédiée à Son Altesse royale Mme d'Angoulême. *Paris, P. Didot l'aîné*, 1814-1819. 19 vol. in-16, papier vélin, jolie demi-rel. avec coins mar. rouge, dos orné, fil. tr. supér. dor. éb.

1. Mémoires du comte de Comminges, par Mme de Tencin. — 2. Le Siège de Calais (par la même). — 3. La Princesse de Clèves, suivie de la Princesse de Montpensier, par Mme de la Fayette, 2 vol. — 4. Zayde, histoire espagnole (par la même), 2 vol. — 5. Lettres de la comtesse de Sancerre, suivies d'Aloïse de Livarot, par Mme de Riccoboni, 2 vol. — 6. Lettres de mistriss Fanny Butlerd à mylord Charles Alfred, comte d'Erford (par la même). — 7. Histoire du marquis de Cressy, suivie d'Ernestine (par la même). — 8. Lettres de milady Juliette Catesby (par la même). — 9. Contes d'Hamilton, 3 vol. — 10. Mémoires du comte de Grammont, par Ant. Hamilton, 3 vol. — 11. La Henriade, poème de Voltaire, 2 vol.

294. COLLECTION DE PETITS CLASSIQUES FRANÇAIS, dédiée à S. A. R. Madame, duchesse de Berry. *Paris, Delangle*

(*impr. de Jules Didot*), 1825 et 1826. 8 vol. in-16, papier fin, mar. rouge, dos orné, fil. tr. dor. (*Simier.*)

Cette collection a été dirigée par Ch. Nodier. Elle se compose des ouvrages suivants : 1. Madrigaux de M. de la Sablière. — 2. Conjuration du comte de Fiesque, par le cardinal de Retz. — 3. Voyage de Chapelle et de Bachaumont. — 4. Diverses petites poésies du chevalier d'Aceilly (Jacq. de Cailly). — 5. La Guirlande de Julie. — 6. Œuvres choisies de Senecé. — 7. Relation des campagnes de Rocroi et de Fribourg. — 8. Œuvres choisies de Sarazin.

HISTOIRE

295. Atlas universel, physique, historique et politique de géographie ancienne et moderne, composé et dressé par F. Dufour, gravé sur acier par Ch. Dyonnet. *Paris, Arm. Le Chevalier, s. d.* Gr. in-fol. 40 grandes cartes coloriées et montées sur onglets, demi-rel. avec coins mar. rouge.

296. Atlas classique et universel de géographie ancienne et moderne, par M. C.-V. Monin et A.-R. Fremin, géographe du dépôt de la Guerre, avec un précis par M. Albert Montémont. *Paris, Robiquet*, 1845. In-fol. 37 planches gravées et montées sur onglets, demi-rel. v. bleu.

297. Cours des principaux fleuves et rivières de l'Europe, composé et imprimé par Louis XV, roy de France et de Navarre en 1718. *Paris, J. Collombat*, 1718. Pet. in-4 de 14 pages, v. f. antiq. fil. tr. dor. (*Armoiries royales sur les plats.*)

Portrait de Louis XV enfant, ajouté en tête du volume.

298. Voyage pittoresque, ou Description des royaumes de Naples et de Sicile (par J.-Cl. Richard, abbé de Saint-Non). *Paris*, 1781-1786. 4 tomes en 5 vol. gr. in-fol. cartes, plans et figures mar. vert, dos orné, large dent. sur les plats, tr. dor. (*Reliure ancienne.*)

Très-belles épreuves, avec la planche des Phallus antiques au tome II.

299. Relation de plusieurs voyages faits en Hongrie, Servie, Bulgarie, Macédoine, Thessalie, Austriche, Syrie, etc., enrichie de plusieurs observations, tant sur les mines

d'or, d'argent, de cuivre qui sont dans ces païs, avec les figures de quelques habits et des places les plus considérables, traduit de l'anglois du sieur Édouard Brown. *Paris, Gervais Clousier*, 1674. In-4, titre et 9 planches gravées, v. éc. fil.

300. Les Six Voyages de Jean-Baptiste Tavernier, écuyer, baron d'Aubonne, en Turquie, en Perse et aux Indes, etc. *Suivant la copie imprimée à Paris* (*Hollande*), 1679. 2 vol. in-12, portrait et figures gravées. — Recueil de plusieurs relations et traitez singuliers et curieux de J.-B. Tavernier, qui n'ont point esté mis dans ses six premiers voyages, divisés en cinq parties, avec la Relation de l'intérieur du Serail du grand seigneur. *Suivant la copie imprimée à Paris*, 1681. 1 vol. in-12, figures gravées, ens. 3 vol. mar. rouge, dos orné, fil. dent. int. tr. dor. (*E. Niedrée.*)

301. Correspondance de Victor Jacquemont avec sa famille et plusieurs de ses amis pendant son voyage dans l'Inde (1828-1832). *Paris, H. Fournier*, 1833. 2 vol. in-8, demi-rel. v. fr. tr. jasp.

302. Voyage dans l'intérieur de la Chine et en Tartarie, fait dans les années 1792, 1793 et 1794, par lord Macartney, rédigé sur les papiers de lord Macartney, par sir Georges Staunton, traduit de l'anglais par J. Castera, avec 37 planches et 4 cartes gravées en taille-douce par Tardieu l'aîné. *A Paris, chez F. Buisson*, 1804. 5 vol. in-8, portrait de l'auteur, mar. citron, dos orné, dent. tr. dor. (*Bozérian.*)

Jolie reliure bien conservée.

303. Quatre Voyages chez les Hottentots et chez les Cafres, par le lieutenant Williams Paterson, de 1777 à 1779, traduit de l'anglais (par M. de La Borde). *A Paris, chez Didot l'aîné*, 1790. Gr. in-8, cart. n. rog.

Exemplaire unique sur peau de vélin.

304. Discours sur l'Histoire universelle par J.-B. Bossuet, évêque de Meaux, précédé d'une notice littéraire par M. Tissot. *Paris, L. Curmer, s. d.* 2 vol. gr. in-8, portrait, gravures hors texte et vignette dans le texte, texte encadré, chagr. noir, tr. dor.

305. Décade de Titus-Livius (en français). Cy finit le neufiiesme et derrenier liure de la tierce décade de Titus Li-

uius. *S. l. n. d.* In-fol. goth. à 2 col. mar. vert, tr. dor.

Signatures A ij à I, VI, fol. II à CCL. Sans titre ni feuillets préliminaires. Imprimé vers 1498.

306. Les Commentaires de César, de la traduction de N. Perrot, sieur d'Ablancourt; édition nouvelle, revue et corrigée. *A Amsterdam, chez Abrah. Wolfgang,* 1678. In-12, cartes gravées, mar. rouge, fil. à froid, dent. int. tr. dor. (*Duru.*)

307. Alesia. Étude sur la septième campagne de César en Gaule (par le duc d'Aumale). *Paris, Mich. Lévy fr.*, 1859. In-8, papier vélin, carte, jolie demi-rel. avec coins mar. bleu, dos orné, avec les armes et le monogramme du duc, tr. supér. dor. n. rog. (*Capé.*)

On a ajouté en tête de ce volume un portrait en pied de l'auteur.

308. Les Écrivains de l'Histoire Auguste, traduits en françois. *Berlin, chez Georges-Jacques Decker*, 1783. 3 vol. in-12, v. f. dos orné, dent. tr. dor. (*Bozérian.*)

---

309. Histoire du Drapeau, des Couleurs et des Insignes de la monarchie française, précédée de l'Histoire des Enseignes militaires chez les anciens, par M. Rey, avec 24 planches. *Paris, Techener,* 1837. In-8, mar. vert foncé, dos et plats semés de fleurs de lis, doublé de mar. rouge, comp. tr. dor. (*Petit, successeur de Simier.*)

Les cahiers (ou feuilles) de cet exemplaire sont imprimés sur papier vergé blanc et papier vélin vert, et alternent ensemble.

310. Dissertations sur la mythologie françoise et sur plusieurs points curieux de l'histoire de France, par M. Bullet, professeur, doyen de l'Université de Besançon. *A Paris, chez N.-L. Moutard,* 1771. In-8, v. fauve, fil. or, dent. à froid, tr. marbr. (*Bauzonnet.*)

311. Les Grandes Chroniques de France, selon qu'elles sont conservées en l'église Saint-Denis en France, publiées par M. Paulin Paris. *Paris, Techener*, 1836-1838. 6 vol. pet. in-8, v. f. dos orné, fil. tr. dor. (*Simier.*)

312. Cronique sommairement traictée des faictz héroïques de tous les rois de France et des personnes et choses mémorables de leurs temps. *A Lyon, par Clément Baudin,*

1570. In-8, texte encadré, portraits des rois de France gravés en médaillons, mar. bleu, fil. tr. dor. (*Armoiries sur les plats.*)

313. Œuvres de Jean sire de Joinville, comprenant : l'Histoire de saint Louis, le Credo et la Lettre à Louis X, avec un texte rapproché du français moderne, mis en regard du texte original, etc., par M. Natalis de Wailly. *Paris, Adr. Le Clère,* 1867. Gr. in-8, papier vergé mar. brun la Vall. dent. int. tr. dor. (*Petit-Simier.*)

314. Les Passaiges doultremer faitz par les Françoys, nouvellement imprimé. (A la fin :) *Cy finist les passaiges doultremer faictz par les Françoys auecques plusieurs addicions recueillies de plusieurs opérations dudict voyage et faictz darmes faictz par lesdictz Françoys et aultres seigneurs ayans eu la déuotion de deffendre ladicte Terre Saincte. Nouuellement imprimé à Paris le vingt septiesme iour de nouembre l'an mil cinq cens et dix huyt, par Michel Le Noir, libraire iuré en Luniversité de Paris, demourant en la rue Sainct Jacques à lenseigne de la rose blanche couronnée.* Pet. in-fol. car. goth. lettres init. gravées, mar. vert, fil. à froid, dent. int. tr. dor. (*Capé.*)

Ouvrage attribué à Séb. Mamerot. Seconde édition, avec de notables changements et diverses additions, particulièrement une *Compendieuse Description de la terre de Promission.*

Ce volume contient 6 feuillets prélim., y compris le titre, 227 feuillets de texte, plus un feuillet séparé, au verso duquel se voit la marque de l'imprimeur; derrière le titre se lit le privilège de François Ier, donné à Rouen le 7 août 1517.

Deux petits trous sont raccommodés au feuillet 88, ainsi que quelques marges inférieures.

315. La France au temps des croisades, ou Recherches sur les mœurs et coutumes des Français aux XIIe et XIIIe siècles, par le vicomte de Vaublanc. *Paris, J. Techener,* 1844. 2 vol. in-8, papier de Hollande, cart. n. rog.

Première partie : État politique et religieux ; deuxième partie : État militaire et chevaleresque.

316. Tristan le Voyageur, ou la France au XIVe siècle, par M. de Marchangy. *Paris, Urb. Canel,* 1825. 6 vol. in-8, demi-rel. v. f. tr. jasp.

317. Les Mémoires de messire Philippe de Commines, sieur d'Argenton, dernière édition. *A Leide, chez les Elzeviers,*

1648. In-12, titre gravé, mar. rouge, dos orné, fil. dent. int. tr. dor. (*Trautz-Bauzonnet.*)

Bel exemplaire. Haut. : 128 mill.

318. Exemplaria litterarum quibus et Christianissimus Galliarum rex Franciscus ab adversariorum maledictis defenditur et controuersarum causæ ex quibus bella hodiè inter ipsum et Carolum Quintum imperatorem emerserunt explicantur. *Parisiis, ex off. Rob. Stephani,* 1537. In-4, vélin.

Exemplaire grand de marges, avec le tableau contenant la suite des héritiers des duchés de Bourgogne, de Milan et de Savoie. On a ajouté un portrait de François Ier par Desrochers.

319. La Deffaicte des faulx monnoyeurs, composée par Dadonuille. *On les vēd a la p̄mière porte du palays.* Pet. in-8, goth. de 4 ff. demi-rel. avec coins, mar. rouge. (*Kœhler.*)

Réimpression moderne faite en fac-similé.
Exemplaire sur PEAU DE VÉLIN.

320. Mémoires d'Estat, par M. de Villeroy (de 1567 à 1621). *A Paris, par la compagnie des Libraires du Palais,* 1665. 4 vol. in-12, v. fauve, dos orné, fil. tr. dor. (*E. Niedrée.*)

Joli exemplaire avec une lettre ajoutée.

321. Mémoires du duc de Rohan, seconde édition, augmentée d'un quatriesme livre et de divers discours politiques du mesme auteur, cy-devant non imprimez. *S. l.* (*Hollande, à la Sphère*), 1646. 3 parties en 1 vol. pet. in-12, dos orné, fil. tr. dor. (*Müller, successeur de Thouvenin.*)

Haut. : 128 mill. 1/2.

322. Mémoires de M. de Montrésor, diverses pièces durant le ministère du cardinal de Richelieu. Relation de M. de Fontrailles, etc. *A Cologne* (*Hollande*), *chez Jean Sambix le jeune, à la Sphère,* 1663. 2 vol. in-12, v. f. dos orné, fil. tr. dor. (*Simier.*)

Haut. : 133 mill.

323. LE RÈGNE DE LOUIS XIII, donné pour exemple et instruction au roy son fils (par Jean Danes). *Paris, Claude Morlot,* 1644. In-4, mar. r. fil. tr. dor. (*Anc. rel.*)

Très-bel exemplaire aux armes de MAZARIN.

324. Mémoires du comte de Brienne, ministre et secrétaire d'État, contenant les événemens les plus remarquables du

règne de Louis XIII et de celui de Louis XIV jusqu'à la mort du cardinal Mazarin. *A Amsterdam, chez J.-Fréd. Bernard*, 1719. 3 vol. pet. in-8, v. fauve, dos orné, dent. tr. supér. dor. n. rog. (*Lebrun.*)

325. Mémoires de M. D. L. R. (de la Rochefoucauld) sur les brigues à la mort de Louis XIII, les Guerres de Paris, etc.; Mémoires de la Chastre. *A Cologne, chez P. Van Dyck*, 1663 (*à la Sphère*). In-12 de 400 pages, mar. viol. tr. dor.

Note de M. de Beauchesne sur les premières gardes.

326. Mémoires du cardinal de Retz, de Guy Joli et de la duchesse de Nemours. *Paris, Furne*, 1828. 5 vol. in-8, demi-rel. v. vert. tr. jasp.

327. Médailles sur les principaux évènements du règne entier de Louis le Grand, avec des explications historiques (par Fr. Charpentier, P. Tallemand, J. Racine, Boileau-Despréaux). *Paris, Imprimerie royale*, 1702. Gr. in-fol. figures, demi-rel. avec coins mar. rouge, non rogné.

Bel exemplaire, avec la préface qui fut supprimée peu de temps après avoir été mise au jour, et qui manque dans beaucoup d'exemplaires.

328. Histoire de madame de Maintenon et des principaux évènements du règne de Louis XIV, par M. le duc de Noailles. *Paris, Comon*, 1848. 2 vol. gr. in-8, portrait, demi-rel. avec coins chagr. orange, fil. tr. jasp.

329. Les Souvenirs de madame de Caylus. *A Paris, chez Ant.-Aug. Renouard*, 1804. In-12, papier vélin rose, portrait, demi-rel. mar. vert, non rogné.

330. Histoire du vicomte de Turenne, maréchal-général des armées du Roy (par de Ramsay). *A la Haye, chez Jean Néaulme*, 1736. 4 vol. in-12, portrait de Turenne, gravé par Schley d'après Meissonnier et cartes gravées, v. f. antiq. fil. tr. dor. (*Bradel.*)

331. Mémoires complets et authentiques du duc de Saint-Simon, sur le siècle de Louis XIV et la Régence, publiés pour la première fois sur le manuscrit original, par M. le marquis de Saint-Simon. *Paris, A. Sautelet*, 1829-1830. 21 vol. in-8, demi-rel. avec coins mar. rouge, fil. tr. jasp.

332. Documents authentiques et détails curieux sur les dé-

penses de Louis XIV. *Paris, J. Renouard*, 1827. In-8, portrait, v. f. dos orné, fil. tr. dor. (*Simier.*)

333. Mémoires et correspondance de madame d'Épinay. *A Paris, chez Volland le jeune*, 1818. 3 vol. in-8, demi-rel. v. olive, non rog. (*Petit, s^r de Simier.*)

334. Précis historique de la Révolution françoise, par J.-P. Rabaut, suivi de Réflexions politiques sur les circonstances présentes, par le même. *Paris et Strasbourg* (*de l'imprimerie de P. Didot l'aîné*), 1792. 2 vol. in-32, mar. rouge, dos orné, dent. doublé de moire verte, tr. dor. étuis de mar. vert, avec dent. (*Lefèvre.*)

Exemplaire sur PEAU DE VÉLIN.

335. Le Vieux Cordelier de Camille Desmoulins, précédé d'un Essai sur la vie et les écrits de l'auteur, par M. Matton aîné. — La France libre (par le même). *Paris, Ébrard*, 1834. 2 ouvr. en un vol. in-8, demi-rel. v. viol.

336. Éloge historique de Jean-Sylvain Bailly, au nom de la République des lettres, par une Société de gens de lettres; suivi de notes et de quelques pièces en prose et en vers (par Mérard-Saint-Just). *Londres*, 1794. In-8, papier vélin, demi-rel. v. f. n. rog. (*Simier.*)

Tiré à très-petit nombre d'exemplaires.

337. Essai sur les fêtes nationales, suivi de quelques idées sur les arts et sur la nécessité de les encourager, adressé à la Convention nationale, par Boissy-d'Anglas. *Paris, an II.* In-8, demi-rel. v. f. n. rogn.

338. BULLETIN DU TRIBUNAL RÉVOLUTIONNAIRE, par Clément, Bonnemain et autres, de 1792 à l'an III. *Paris*, 8 part., plus le procès de Fouquier-Tinville, 3 vol. in-4, demi-rel. v. f.

Exemplaire conforme à la description qu'en donne Deschiens, sauf la table de la 2e partie. Il contient de plus, dans la partie de 1792, un titre, une préface et la liste des membres du Tribunal révolutionnaire (4 pag.). Dans la 1re partie, 1 titre, 1 préface, la liste des membres, 6 p. et un suppl. au nº 73 (4 p. au procès de Charlotte Corday). Dans la 2e part. suppl. au nº 27, 4 pages. — Dans la 7e part. le nº 21 a été parfaitement reproduit fac-similé à la plume.

339. Charlotte de Corday, essai historique sur la personne et l'attentat de cette héroïne avec pièces justificatives, portrait et fac-similé, par M. Louis Du Bois. *Paris*, 1838.

In-8, portrait et fac-similé, v. f. dos orné, fil. tr. dor. (*Simier.*)

340. Mémorial de Sainte-Hélène, par le Cte de Las Cases, suivi de Napoléon dans l'exil, par MM. O'Meara et Antomarchi et de l'historique de la translation des restes mortels de l'empereur Napoléon aux Invalides. *Paris, Ern. Bourdin,* 1842. 2 vol. gr. in-8, frontispices, figures int. dans le texte et hors texte, demi-rel. avec coins mar. vert, dos orné, fil. tr. supér. dor. n. rog. (*Petit, s[r] de Simier.*)

Très-bel exemplaire sur papier de Chine.

341. Correspondance et relations de J. Fiévée avec Bonaparte, premier consul et empereur, pendant onze années (1802 à 1813), publié par l'auteur. *Paris, Desrez,* 1836. 3 vol. in-8, demi-rel. v. f. tr. jasp.

342. Dictionnaire critique et raisonné des étiquettes de la cour..., ou l'Esprit des étiquettes et des usages anciens comparés aux modernes, par Mme la comtesse de Genlis. *Paris, P. Mongie aîné,* 1818. 2 tomes en un vol. in-8, demi-rel. avec coins mar. rouge, fil. n. rog. (*Petit, s[r] de Simier.*)

343. Les Zouaves et les Chasseurs à pied, esquisses historiques (par le duc d'Aumale). *Paris, Mich. Lévy fr.,* 1855. In-12, mar. rouge, fil. à froid, monogramme du duc d'Aumale sur le dos et aux angles des plats, dent. int. tr. dor. (*Capé.*)

---

344. Le Louvre, par M. L. Vitet. *Paris, Firm.-Didot fr.,* 1853. Gr. in-8, plan, demi-rel. chagr. bleu, fil. tr. jasp.

345. Traité historique et critique sur l'origine et la généalogie de la maison de Lorraine avec les chartes servant de preuves... (par Baleicourt). *A Berlin, chez Ulric Liebpert,* 1711. In-8, figures, demi-rel. mar. bleu, tr. jasp.

Exemplaire court de marges, quelques racc. au titre.

346. La Résolution des trois Estats du bas païs d'Auvergne, avec la prise de la ville d'Issoire, par M. le comte de Randan, gouverneur du pays. *A Paris, chez Robert le Fizelier,* 1589. In-12 de 39 pages chiffrées, demi-rel. v. f.

347. L'Ancien Velay, histoire, archéologie, mœurs, topographie, par Francisque Mandet et une société d'artistes.

Moulins, imprimerie de P.-A. Desroziers, 1846. In-fol. papier vélin, nombr. planches lithographiées, demi-rel. avec coins cuir de Russie, tr. supér. dor. n. rog.

348. Chronique d'Arras et de Cambrai, par Balderic, chantre de Térouane au xve siècle, traduite en français d'après l'édition latine de M. Leglay, par M. Faverot. *Valenciennes, Lemaître, s. d.* In-8, figure lithogr. demi-rel. v. f. n. rog.

---

349. État présent des affaires de l'Europe. *A Lyon, chez Thomas Amaulry*, 1693. In-12, v. olive. (*Kœhler.*)

350. Histoire pittoresque de l'Angleterre et de ses possessions dans les Indes, depuis les temps les plus reculés jusqu'à la réforme de 1832, par M. le Bon de Roujoux, publiée par M. Alfr. Mainguet sous la direction de MM. Taylor et Ch. Nodier. *Paris*, 1835. 3 vol. in-4, texte à 2 col. cartes géographiques, figures dans le texte et hors texte. demi-rel. avec coins mar. rouge, dos orné, fil. tr. supér. dor. éb. (*Capé.*)

Exemplaire sur PAPIER DE CHINE.

351. Lettres inédites de Marie Stuart, accompagnées de diverses dépêches et instructions 1558-1587, publiées par le prince Alexandre Labanoff. *Paris, Merlin et Firmin-Didot fr.*, 1839. In-8, v. f. dos orné, fil. tr. dor. (*Petit, s^{r} de Simier.*)

352. Histoire de l'empereur Charles V, par don Antoine de Vera et Figueroa, comte de la Roca, etc., traduite d'espagnol en françois par le sieur du Perron le Hayer, etc., revue et corrigée par A.-F.-D. en M. et Ch. de Wal. *A Bruxelles, chez François Foppens*, 1663. In-12, v. f. dos orné, fil. dent. int. tr. dor. (*Simier.*)

Haut. : 130 mill.

353. Histoire du règne de l'empereur Charles-Quint, par W. Robertson, traduite de l'anglais par J.-B.-A. Suard. *Paris, Janet et Cotelle*, 1822. 4 vol. in-8, v. vert, dent. à froid, tr. marbr. (*Duplanil.*)

354. Histoire du Portugal contenant les entreprises, nauigations et gestes mémorables des Portugallois, tant en la conqueste des Indes orientales par eux descouuertes, qu'ès

guerres d'Afrique et autres exploits, depuis l'an mil quatre cens nonante six, sous Emmanuel I, Jean III et Sebastian I du nom, comprinse en vingt liures, dont les douze premiers sont traduits du latin de Jerosme Osorius éuesque de Sylues en Algarve, les huit suyuans prins de Lopez Castagnède et d'autres historiens, nouuellement mise en françois par S. G.-S. (par Simon Goulart). *A Paris, chez Abel l'Angelier,* 1587. Fort vol. in-8, v. olive, fil. à froid, tr. rouges. (*Petit, s^r de Simier.*)

355. Révolutions de Portugal, par M. l'abbé de Vertot, quatrième édition, revue et augmentée. *A Paris, chez Nyon, Didot et Quillau,* 1737. In-12, mar. vert, fil. tr. dor. (*Reliure ancienne avec armoiries sur les plats.*)

356. Les Anecdotes de Florence, ou l'Histoire secrète de la maison de Médicis, par le sieur de Varillas. *A la Haye, chez Arnout-Leers,* 1685. In-12, demi-rel. v. vert, tr. jasp.

357. Venise. Histoire, art, industrie, la ville, la vie, par Charles Yriarte, ouvrage orné de 525 gravures dont 50 tirées hors texte et plusieurs en couleur. *Paris, Rothschild* (*typ. G. Chamerot*), 1878. Gr. in-4, papier vélin teinté, figures, demi-rel. avec coins, mar. rouge, dos orné, fil. tr. supér. dor. n. rog.

358. Nouveaux Mémoires sur l'état présent de la Chine, par le P. Louis le Comte, de la Compagnie de Jésus. *Paris, chez Anisson,* 1697. 3 vol. in-12, portrait, mar. vert, dos orné, fil. tr. dor. (*Reliure ancienne.*)

Exemplaire aux armes de Mesdames de France, filles de Louis XV.

---

359. Antiquités étrusques grecques et romaines, ou les Beaux Vases étrusques, grecs et romains, et les peintures rendues avec les couleurs qui leur sont propres, gravées par F.-A. David, avec leurs explications, par d'Hancarville. *A Paris, chez l'auteur,* 1787. 5 vol. in-4, figures en couleurs, cart.

360. Description générale des monnaies de la république romaine communément appelées médailles consulaires, par H. Cohen. *Paris, Rollin,* 1857. In-4, 75 planches de médailles, demi-rel. v. f. tr. jasp.

361. Description historique des monnaies frappées sous l'Empire romain communément appelées médailles impériales, par Henry Cohen. *Paris*, *Rollin*, 1859-1862. 6 vol. gr. in-8, figures de médailles, demi-rel. v. f. tr. jasp.

362. Cartulaire de l'abbaye de Saint-Bertin, publié par M. Guérard. *Paris, Imprimerie royale*, 1841. In-4, mar. rouge, comp. sur les plats, tr. dor. (*Chiffre du roi Louis-Philippe sur les plats.*)

De la collection des *Documents inédits sur l'histoire de France.*

---

363. Éloge de madame de Sévigné, par Mme Achille Comte, ouvrage qui a remporté à l'Académie française la mention honorable du concours d'éloquence de 1840. *Paris, S. Rousset, s. d.* In-8, portrait, demi-rel. v. viol.

Exemplaire d'Aimé-Martin avec un envoi et une lettre autographe de l'auteur et un billet autographe de Monmerqué.

364. Notice historique sur madame de Maintenon (par L.-J.-N. Monmerqué). *Paris, J. Blaise*, 1829. Br. in-8 de 88 pages.

Exemplaire de Pixerécourt.

365. M. de Voltaire peint par lui-même, ou Lettres de cet écrivain dans lesquelles on verra l'histoire de sa vie, de ses ouvrages, de ses querelles, de ses correspondances, et les principaux traits de son caractère, etc. *A Lausanne*, 1769. Pet. in-8, demi-rel. bas.

Le titre contient un joli portrait de Voltaire gravé en médaillon.

366. Mémoires de M. le duc de Lauzun. *A Paris, chez Barrois l'aîné*, 1822. In-8, v. f. dos orné, fil. dent. int. tr. dor. (*Simier.*)

On a ajouté en tête de cet exemplaire une lettre autographe signée de Lauzun, duc de Biron (4 pages in-4).

367. Vie ou Éloge historique de M. de Malesherbes, suivie de la vie du président de Lamoignon, son bisaïeul, par M. Gaillard. *A Paris, chez Xhrouet*, 1805. In-8, demi-rel. v. rose.

368. Vie philosophique, politique et littéraire de Rivarol, par Sulpice de la Platière. *Paris*, *Barba*, 1802. 2 tomes en un vol. in-12, v. f. fil. tr. dor.

---

369. Annales de l'imprimerie des Aldes, ou Histoire des trois Manuce et de leurs éditions, par Ant.-Aug. Renouard, troisième édition. *Paris, Renouard.* 1834. In-8, texte à 2 col. portrait et fac-similés, demi-rel. v. brun, tr. jasp.

370. Recherches historiques, généalogiques et bibliographiques sur les Elsevier, par A. de Reume. *Bruxelles*, 1847. In-8, portrait, demi-rel. chagr. bleu, tr. jasp.

371. Catalogus librorum qui in bibliopolio Danielis Elsevirii venales extant. *Amstel., ex off. Elzeviriana*, 1674. 6 parties en 1 vol. in-12, vélin.

372. De l'État réel de la presse et des pamphlets depuis François Ier jusqu'à Louis XIV, par M. C. Leber. *Paris, Techener*, 1834. In-8, demi-rel. v. f. non rogné. (*Simier.*)

373. Catalogue d'une partie des livres composant la bibliothèque des ducs de Bourgogne au XVe siècle, avec détails historiques, philologiques et bibliographiques, par G. Peignot. *Dijon, V. Lagier*, 1841. In-8, v. f. fil. (*Simier.*)

374. Description raisonnée d'une jolie collection de livres (Nouveaux Mélanges tirés d'une petite bibliothèque), par Ch. Nodier. *Paris, J. Techener*, 1844. In-8, v. f. fil. dent. int. tr. dor. (*Simier.*)

375. Bibliothèque historique de la France, contenant le catalogue des ouvrages imprimés et manuscrits qui traitent de l'histoire de ce royaume; nouvelle édition, augmentée par Fevret de Fontette (Barbeau de la Bruyère, L.-Th. Hérissant, Rondet, etc.). *Paris, chez J.-Th. Hérissant et Didot jeune*, 1768-1778. 5 vol. in-fol. texte à 2 col. v. antiq. marbr. fil.

Bel exemplaire.

SUPPLÉMENT

376. Le Coran. Manuscrit arabe d'une très-belle exécution. Pet. in-8, reliure orientale.

377. Manuscrit tibétain se développant en forme de paravent et couvert en ivoire. Petit format.

ESTAMPES ET DESSINS

ANONYME.

378. Portrait du cardinal Ottoboni. Grand in-fol. avant toutes lettres.

Très-belle épreuve.

ANSDELL (d'après RICHARD).

379. Sujets de chasse. Suite de douze pièces gravées par Thompson, Davey, Simmons et Bacon, reliées en 1 vol. in-fol.

BALECHOU (J.-J.).

380. La Popelinière (A.-J.-J. Le Riche de), d'après Vigée. In-fol.

Belle épreuve.

BAUDOUIN (d'après P.-A.).

381. Les Amants surpris, par Choffard.

Bonne épreuve, avec marge.

BOILLY (L.).

382. Le Jeu de billard. — L'Économie politique. — Les Déménagements. — Le Jeu de tonneau. — Le Bon Ménage. — Le Jeu de l'écarté. — L'Effet du mélodrame. — La Vaccine. — Savoyards montrant la marmotte. — Réjouissance publique.— Le Cabaret. — A la santé du roi!— Réunion de trente-cinq têtes diverses. — Une Scène des boulevards. Dix-sept pièces.

BOUCHER (d'après F.).

383. La Maraudeuse de fleurs. — Le Dénicheur de merles. Deux pièces faisant pendants, gravées à la sanguine par Demarteau.

Belles épreuves.

BRUN (Franz).

384. La Famille du prince d'Orange. Grande pièce in-fol. en largeur, gravée en 1627.

Superbe épreuve.

CHARDIN (d'après J.-B.-S.).

385. La Mère laborieuse. — La Pourvoieuse. — La Ratisseuse. Trois pièces gravées par Lépicié.

Belles épreuves.

386. Les Tours de cartes, par P.-L. Surugue, E. B. 51^B. — Le Jeu de l'oye, par P.-L. Surugue. Deux pièces.

Belles épreuves.

CLOQUET.

387. Vue générale de la Fédération française, prise à vol d'oiseau au-dessus de Chaillot.

Belle épreuve.

COCHIN (d'après C.-N.).

388. Pompe funèbre de Marie-Thérèse d'Espagne, dauphine de France, en l'église Notre-Dame de Paris, le XXIV novembre 1746.

Belle épreuve avec marge.

389. Lancez. — J.-B. Cottereau. — J. Gosseaume. — J.-P.-L.-L. Houël. — P.-L. Molène. — M.-C. Fieux. Six portraits gravés par Miger, Cathelin et Mme Lingée, pour la Société académique des enfants d'Apollon.

Belles épreuves.

DESNOYERS (A.).

390. Bélisaire, d'après Gérard.

Belle épreuve avec le cachet à deux têtes.

DESPLACES et TARDIEU.

391. Titon (Marguerite Becaille, veuve de Maximilien), d'après Largillière. — Marie Leckzinska, d'après Nattier. Deux portraits in-fol.

DIVERS.

392. L. de Boullongne. — P.-F. Rosset. — Bayle. — J. Haydn. — Le Révérend Beilby Porteus. Six portraits in-fol. et in-4°, par E. Orme, Quenedey, Petit, Masquelier et Chereau.

Belles épreuves.

DORÉ (d'après Gustave).

393. Gravures sur bois tirées de la Sainte Bible. Quinze pièces.

DREVET (P.).

394. Marie d'Orléans, appelée demoiselle de Longueville, épouse de Henri II de Savoie, dernier duc de Nemours, d'après Rigaud. In-fol.

Très-belle épreuve.

DREVET (P. et Cl.).

395. J.-P. Bignon. — Vintimille (Ch.-G.-G. de), archevêque de Paris. Deux portraits in-fol. d'après Rigaud.

DUPUIS (N.).

396. *Betzkoy* (Jean de), d'après Roslin. In-fol.

DYCK (d'après Ant. Van).

397. Portraits de l'*Iconographie* de Van Dyck, gravés par Bolsvert, Iode, Lommelin, Waumans, Voerst, Pontius, Vosterman, C. Galle, Clouet, Delphe, etc. Quarante-deux pièces, pourront être vendues séparément.

EDELINCK et VERMEULEN.

398. Le Brun (Ch.), d'après Largillière. — Constantini (Angelo), sous la figure de Mezetin, d'après De Troy. Deux portraits in-fol.

FOSELLA (G.).

399. La Vierge au baldaquin, d'après Raphaël.

Très-belle épreuve sur chine.

FRAGONARD (d'après H.).

400. Le Glouton. — Joconde (l'Aveu). — On ne s'avise jamais de tout. — La Fiancée du roi de Garbe. — Pâté d'anguille. — Le Paysan qui avait offensé son seigneur. — Belphégor. — Le Baiser rendu. — La Gageure des trois commères. Neuf gravures in-4°, par divers graveurs, pour illustration des *Contes* de la Fontaine, édités par Didot.

Très-belles épreuves, toutes marges.

GREUZE (d'après J.-B.).

401. L'Accordée de village. — Le Paralytique servi par ses enfants. — Le Gâteau des rois. Trois pièces gravées par Flipart.

Belles épreuves.

GUÉRIN (C.).

402. François-Xavier *Richter,* maître de chapelle de la cathédrale de Strasbourg. In-4°.

Belle épreuve.

JEAURAT (d'après Ét.).

403. Le Garçon jardinier. — Le Berger constant. Deux pièces faisant pendants, gravées par Nicolas Dufour.

Très-belles épreuves, avant la dédicace.

LE BEL (d'après E.).

404. Le Coup de vent, par Girardet, 1785.

Superbe épreuve, avant la lettre, toute marge.

LEPAUTRE (J.).

405. Le Couronnement de Louis XIV.

Belle épreuve.

MICHEL (J.-B.).

406. *Voltaire* (F.-M.-A. de), représenté en buste, assis dans son cabinet. In-4°.

Belle épreuve, grande marge.

MOREAU (J.-M.).

407. Décoration du sacre de Louis XVI, roi de France et de Navarre, à Reims, le 11 juin 1775.

Très-rare épreuve à l'eau-forte pure, avant toutes lettres, seulement le nom de Moreau, tracé à la pointe et avec des griffonnements dans la marge du bas, vers la gauche.

MOREAU (d'après J.-M.).

408. Réception de Mirabeau aux Champs-Élysées, gravé par L.-J. Masquelier.

Très-rare épreuve à l'état d'eau-forte.

409. Vignettes in-4° pour illustration des Œuvres de Rousseau. Deux pièces.

NANTEUIL (Robert).

410. Anne d'Autriche (22). — Castelnau (58). — Chapelain (60). — Christine, reine de Suède (67). — La Vrillière (Louis Phelipeaux de) (123). — Le Coigneux. — Longueville (Henri d'Orléans, IIe du nom, duc de) (149). — Maisons (René de Longueil, marquis de) (165). — Mazarin (174). — *Molé (Édouard)* (193). — Regnauldin (Claude) (216). Onze portraits in-fol.

Belles épreuves.

411. Harlay de Chanvallon (François de), archevêque de Paris (108). — Louis, fils de France, dauphin (163). Deux pièces.

412. 1. Louis XIV (R. D. 158), 1er état.
2. Louis XIV (R. D. 159), 1er état.
3. Anne d'Autriche, reine de France (R. D. 23). 2e état.
4. Louis XIV (R. D. 158). 3e état.
5. Louis, fils de France, dauphin, surnommé Monseigneur (R. D. 163). 5e état.
6. Bouillon (Emmanuel-Théodose de la Tour d'Auvergne, cardinal de) (R. D. 53). 1er état.
7. Furstenberg (Guillaume-Egon, cardinal de) (R. D. 100). 2e état.

8. Lamoignon (Guillaume de), premier président du parlement de Paris (R. D. 121). 3e état.

9. Colbert (Jean-Baptiste) (R. D. 74). 2e état.

10. Talon (Denis), président à mortier au parlement de Paris (R. D. 229). 1er état.

11. Colbert (J.-N.), archevêque de Rouen (R. D. 77).

12. Jean-Frédéric, duc de Brunswick-Lunebourg (R. D. 111).

13. Arnauld de Pomponne (Simon), ministre d'État (24). 3e état.

14. Chaulnes (Charles d'Ailly, duc de) (R. D. 65). 2e état.

15. Le même portrait. 1er état.

16. Péréfixe de Beaumont (Hardouin de), archevêque de Paris (R. D. 214). 1er état.

17. Le même portrait. Même état.

18. Harlay de Chanvallon (François de), archevêque de Paris (R. D. 108). 1er état.

19. Amelot (Michel), archevêque de Tours (R. D. 21).

20. Le même portrait.

21. Bossuet (Jacques-Bénigne), évêque de Condom (R. D. 45). 1er état.

22. Montpezat de Corbon (Jean de), archevêque de Bourges (R. D. 196). 2e état.

23. Séguier (Pierre), chancelier de France (R. D. 222). 2e état.

24. Colbert (J.-B.) (R. D. 73).

25. La Vrillière (Michel Phelypeaux de), archevêque, gravé par P. Simon.

26. Moïse tenant les tables de la loi, gravé par Nanteuil et Edelinck.

27. Séguier (P.), gravé par Pitau, d'après N. de Platte Montagne.

28. Haut de thèse en l'honneur de Louis XIV, gravé par Edelinck.

Tous les portraits indiqués sous ce numéro sont reliés en 1 vol. grand in-fol. mar. et pourront être vendus séparément.

PONTIUS (PAUL).

413. *Lamboy* (Guillaume, baron de), d'après de Nijs. In-fol.
Belle épreuve.

PRUD'HON (d'après).

414. L'Égratignure, gravé par Roger.
Très-belle épreuve avant la lettre, toute marge.

415. En jouir. — L'enflammer. — Choisir l'objet. Trois pièces gravées par Beisson et Copia.
Belles épreuves, marges.

416. Le Cruel rit des pleurs qu'il fait verser. — L'Amour réduit à la raison. — La Justice et la Vengeance divine poursuivant le Crime. — Vénus et Adonis. — L'Enlèvement de Psyché. — Le Zéphir. — Daphnis et Chloé, etc. Huit pièces gravées ou lithographiées par Copia, Lecomte, Roger, Aubry-le-Comte et Boilly.

RECUEIL

417. Contenant trente-huit feuilles peintures japonaises.

SAENREDAM (J.).

418. Jésus chez Simon le Pharisien, d'après P. Véronèse.
Très-belle épreuve.

SAINT-AUBIN (AUG. DE).

419. Victor-Amédée III, roi de Sardaigne, d'après Boucheron. In-fol.
Belle épreuve, marge.

SAVART (P.).

420. Mme Deshoulières. — J. de la Bruyère. — R. de Fontenelle. — Torquato Tasso. — N. de Livry. Six portraits in-8°, dont un double.
Belles épreuves.

SCHALCKEN (G.).

421. Portrait de Gérard Dow.
Belle épreuve du premier état, avant que l'ovale ait été coupé de chaque côté.

SINETY.

422. Voyage de S. A. R. Monseigneur le duc de Montpensier à Tunis, en Égypte, en Turquie et en Grèce. Album dessiné par M. Sinety, contenant trente-deux sujets lithographiés par MM. Bayot, Dauzats, Guiaud, Mayer et Sabatier.

DE TROY (d'après).

423. Frère Blaise, feuillant, par B. Audran. In-fol.
Belle épreuve.

VERNET (d'après C.).

424. Les Ennuyés chez eux, gravé par Coqueret.
Bonne épreuve.

425. Sujets de chasse. Vingt-six pièces gravées par Gamble.

VIGNETTES,

426. Pour illustration des Œuvres de Rousseau, les *Voyages imaginaires*, les *Métamorphoses* d'Ovide, etc. Quarante-deux pièces in-8° et 18, d'après Gravelot, Moreau et Marillier.

WATTEAU (d'après A.).

427. Le Repas de campagne, par Desplace.
Très-belle épreuve, marge.

DESSINS

428. Sous ce numéro il sera vendu un portefeuille de dessins par Prud'hon, Greuze, Carrache, Alaux, Charlet, Picot, Fouquières, Sadeler, Nilson. Lallemand, Boucher, Steen, Nicolle, Ransonnette, Parrocel, Rubens, Natoire, Mander, Clermont, Tempesta, Cicéri, H. Robert, Boucher, Ant. Moyne, Blanchet, Le Moyne, Le Prince, Tremollière, etc.

429. Un volume grand in-4°, contenant vingt-huit dessins et aquarelles par Hoguet, Fisquet, Flandin, L. Thomas, E. Claveau, Granville, Charlet, Fragonard, Nicolle, etc. (sera divisé).

TABLE DES DIVISIONS

PREMIÈRE PARTIE

Nos

AUTOGRAPHES. 1

MANUSCRITS. 7

LIVRES ANNOTÉS PAR DES HOMMES CÉLÈBRES. 30

DEUXIÈME PARTIE

THÉOLOGIE. 72

JURISPRUDENCE. 95

SCIENCES. 99

CHASSE. 126

BEAUX-ARTS. 137

BELLES-LETTRES.

Poésie. 169

Fables et chansons. 216

Théâtre. 224

Romans. 235

Critique, Épistolaires, Polygraphes et Collections. 270

HISTOIRE. 295

ESTAMPES ET DESSINS. 378

Paris. — Typ. G. Chamerot, 19, rue des Saints-Pères. — 11950.

www.ingramcontent.com/pod-product-compliance
Ingram Content Group UK Ltd.
Pitfield, Milton Keynes, MK11 3LW, UK
UKHW031938260826
14628UKWH00004B/1708

9 782329 517506